寶慶會稽續志

紹興大典

史部

中華書局

圖書在版編目(CIP)數據

(寶慶) 會稽續志 / (宋) 張淏纂修. －北京:
中華書局, 2023.12
(紹興大典·史部)
ISBN 978-7-101-16207-3

Ⅰ. 寶… Ⅱ. 張… Ⅲ. 紹興－地方志－南宋
Ⅳ. K295.53

中國國家版本館 CIP 數據核字 (2023) 第 076423 號

書　　名	(寶慶)會稽續志
叢 書 名	紹興大典·史部
纂 修 者	〔宋〕張淏
項目策劃	許旭虹
責任編輯	梁五童
裝幀設計	許麗娟
責任印製	管　斌
出版發行	中華書局
	(北京市豐臺區太平橋西里38號 100073)
	http: // www. zhbc. com. cn
	E-mail: zhbc@zhbc. com. cn
印　　刷	天津藝嘉印刷科技有限公司
版　　次	2023年12月第1版
	2023年12月第1次印刷
規　　格	開本787×1092毫米　1/16
	印張28
國際書號	ISBN 978-7-101-16207-3
定　　價	390.00元

學術顧問

（按姓氏筆畫排序）

安平秋　李　岩　吴　格

袁行霈　張志清　葛劍雄

樓宇烈

編纂工作指導委員會

主　　任　盛閲春（二〇二二年九月至二〇二三年一月在任）

温　暖　施惠芳　肖啓明　熊遠明

第一副主任　丁如興

副 主 任　陳偉軍　汪俊昌　馮建榮

成　　員（按姓氏筆畫排序）

王静静　朱全紅　沈志江　金水法　俞正英

胡華良　茹福軍　徐　軍　陳　豪　黄旭榮

裘建勇　樓　芳　魯霞光　魏建東

編纂委員會

主　　編　馮建榮

副 主 編　黄錫雲　尹　濤　王静静　李聖華　陳紅彦

委　　員（按姓氏筆畫排序）

王静静　尹　濤　那　艷　李聖華　俞國林

陳紅彦　陳　誼　許旭虹　馮建榮　葉　卿

黄錫雲　黄顯功　楊水土

史部主編　黄錫雲　許旭虹

序

紹興是國務院公布的首批中國歷史文化名城，是中華文明的多點起源地之一和越文化的發祥、壯大之地。從嵊州小黄山遺址迄今，已有一萬多年的文化史；從大禹治水迄今，已有四千多年的文明史；從越國築句踐小城和山陰大城迄今，已有兩千五百多年的建城史。建炎四年（一一三〇），宋高宗駐蹕越州，取義「紹奕世之宏庥，興百年之丕緒」，次年改元紹興，賜名紹興府，領會稽、山陰、蕭山、諸暨、餘姚、上虞、嵊、新昌等八縣。元改紹興路，明初復爲紹興府，清沿之。

紹興坐陸面海，嶽峙川流，風光綺麗，物産富饒，民風淳樸，士如過江之鯽，彬彬稱盛。春秋末越國有「八大夫」佐助越王卧薪嘗膽，力行「五政」，崛起東南，威續戰國，四分天下有其一，成就越文化的第一次輝煌。秦漢一統後，越文化從尚武漸變崇文。晋室東渡，北方士族大批南遷，王、謝諸大家紛紛遷居於此，一時人物之盛，雲蒸霞蔚，學術與文學之盛冠於江左，給越文化注入了新的活力。唐時的越州是詩人行旅歌詠之地，形成一條江南唐詩之路。至宋代，尤其是宋室南遷後，越中理學繁榮，文學昌盛，領一時之先。明代陽明心學崛起，這一時期的越文化，宣導致良知、知行合一，重於事功，伴隨而來的是越中詩文、書畫、戲曲的興盛。明清易代，有劉宗周等履忠蹈義，慷慨赴死，亦有黄宗羲率其門人，讀書窮經，關注世用，成其梨洲一派。至清中葉，會稽章學誠等人紹承梨洲之學而開浙東史學之新局。晚清至現代，越中知識分子心懷天下，秉持先賢「膽劍精神」，再次站在歷史變革的潮頭，蔡元培、魯迅等人「開拓越學」，使紹興成爲新文化運動和新民主主義革命的重要陣地。越文化兼容並包，與時偕變，勇於創新，隨着中國社會歷史的變遷，無論其内涵和特質發生何種變化，均以其獨特、强盛的生命力，推動了中華文明的發展。

文獻典籍承載着廣博厚重的精神財富、生生不息的歷史文脉。紹興典籍之富，甲於東南，號爲文獻之邦。從兩漢到魏晋再至近現代，紹興人留下了浩如煙海、綿延不斷的文獻典籍。陳橋驛先生在《紹興地方文獻考録·前言》中説：「紹興是我國歷史上地方文獻最豐富的地方之一。」有我國地方志的開山之作《越絶書》，有唯物主義的哲學巨著《論衡》，有書法藝術和文學價值均登峰造極的《蘭亭集序》，有詩爲「中興之冠」的陸游《劍南詩稿》，有輯録陽明心學精義的儒學著作《傳習録》等，這些文獻，不僅對紹興一地具有重要價值，對浙江乃至全國來説，也有深遠意義。

紹興藏書文化源遠流長。歷史上的藏書家多達百位，知名藏書樓不下三十座，其中以澹生堂最爲著名，藏書十萬餘卷。近現代，紹興又首開國内公共圖書館之先河。光緒二十六年（一九〇〇），紹興鄉紳徐樹蘭獨力捐銀三萬餘兩，圖書七萬餘卷，創辦國内首個公共圖書館——古越藏書樓。越中多名士，自也與藏書聚書風氣有關。

習近平總書記强調，「我們要加强考古工作和歷史研究，讓收藏在博物館裏的文物、陳列在廣闊大地上的遺産、書寫在古籍裏的文字都活起來，豐富全社會歷史文化滋養」。黨的十八大以來，黨中央站在實現中華民族偉大復興的高度，對傳承和弘揚中華優秀傳統文化作出一系列重大決策部署。中共中央辦公廳、國務院辦公廳二〇一七年一月印發了《關於實施中華優秀傳統文化傳承發展工程的意見》，二〇二二年四月又印發了《關於推進新時代古籍工作的意見》。

盛世修典，是中華民族的優秀傳統，是國家昌盛的重要象徵。近年來，紹興地方文獻典籍的利用呈現出多層次、多方位探索的局面，從文史界到全社會都在醞釀進一步保護、整理、開發、利用紹興歷史文獻的措施，形成了廣泛共識。中共紹興市委、市政府深入學習貫徹習近平總書記重要指示精神，積極響應國家重大戰略部署，以提振紹興人文氣運的文化自覺和存續一方文脈的歷史擔當，作出了編纂出版《紹興大典》的重大決定，計劃用十年時間，系統、全面、客觀梳理紹興文化傳承脈絡，收集、整理、編纂、出版紹興地方歷史文獻。二〇二二年十月，中共紹興市委辦公室、紹興市人民政府辦公室印發《關於〈紹興大典〉編纂出版工作實施方案的通知》。自此，《紹興大典》編纂出版各項工作開始有序推進。

百餘年前，魯迅先生提出「開拓越學，俾其曼衍，至於無疆」的願景，今天，我們繼先賢之志，實施紹興歷史上前無古人的文化工程，希冀通過《紹興大典》的編纂出版，從浩瀚的紹興典籍中尋找歷史印記，從豐富的紹興文化中挖掘鮮活資源，從悠遠的紹興歷史中把握發展脈絡，古爲今用，繼往開來，爲新時代「文化紹興」建設注入强大動力。我們將懷敬畏之心，以古人「三不朽」的立德修身要求，爲紹興這座中國歷史文化名城和「東亞文化之都」立傳畫像，爲全世界紹興人築就恒久的精神家園。

是爲序。

二〇二三年十月

前言

越國故地，是中華文明的重要起源地，中華優秀傳統文化的重要貢獻地，中華文獻典籍的重要誕生地。紹興，是越國古都，國務院公布的第一批歷史文化名城。編纂出版《紹興大典》，是綿延中華文獻之大計，弘揚中華文化之良策，傳承中華文明之壯舉。

一

紹興有源遠流長的文明，是中華文明的縮影。

中國有百萬年的人類史，一萬年的文化史，五千多年的文明史。中華文明，是中華民族長期實踐的積累，集體智慧的結晶，不斷發展的産物。各個民族，各個地方，都爲中華文明作出了自己獨具特色的貢獻。紹興人同樣爲中華文明的起源與發展，作出了自己傑出的貢獻。

現代考古發掘表明，早在約十六萬年前，於越先民便已經在今天的紹興大地上繁衍生息。二〇一七年初，在嵊州崇仁安江村蘭山廟附近，出土了於越先民約十六萬年前使用過的打製石器〔一〕。這是曹娥江流域首次發現的舊石器遺存，爲探究這一地區中更新世晚期至晚更新世早期的人類活動、

〔一〕陸瑩等撰《浙江蘭山廟舊石器遺址網紋紅土釋光測年》，《地理學報》英文版，二〇二〇年第九期，第一四三六至一四五〇頁。

華南地區與現代人起源的關係、小黄山遺址的源頭等提供了重要綫索。

距今約一萬至八千年的嵊州小黄山遺址[一]，於二〇〇六年與上山遺址一起，被命名爲上山文化。該遺址中的四個重大發現，引人矚目：一是水稻實物的穀粒印痕遺存，以及儲藏坑、鐮形器、石磨棒、石磨盤等稻米儲存空間與收割、加工工具的遺存；二是種類與器型衆多的夾砂、夾炭、夾灰紅衣陶與黑陶等遺存；三是我國迄今發現的最早的立柱建築遺存，以及石杵立柱遺存；四是我國新石器時代遺址中迄今發現的最早的石雕人首。

蕭山跨湖橋遺址出土的山茶種實，表明於越先民在八千多年前已開始對茶樹及茶的利用與探索[二]。距今約六千年前的餘姚田螺山遺址發現的山茶屬茶樹根遺存，有規則地分布在聚落房屋附近，特别是其中出土了一把與現今茶壺頗爲相似的陶壺，表明那時的於越先民已經在有意識地種茶用茶了[三]。

對美好生活的嚮往無止境，創新便無止境。於越先民在一萬年前燒製出世界上最早的彩陶的基礎上[四]，經過數千年的探索實踐，終於在夏商之際，燒製出了人類歷史上最早的原始瓷[五]；繼而又在東漢時，燒製出了人類歷史上最早的成熟瓷。現代考古發掘表明，漢時越地的窑址，僅曹娥江兩岸的上虞，就多達六十一處[六]。

中國是目前發現早期稻作遺址最多的國家，是世界上最早發現和利用茶樹的國家，更是瓷器的故

（一）浙江省文物考古研究所編《上山文化：發現與記述》，文物出版社二〇一六年版，第七一頁。

（二）浙江省文物考古研究所、蕭山博物館編《跨湖橋》，文物出版社二〇〇四年版，彩版四五。

（三）北京大學中國考古學研究中心、浙江省文物考古研究所編《田螺山遺址自然遺存綜合研究》，文物出版社二〇一一年版，第一一七頁。

（四）孫瀚龍、趙曄著《浙江史前陶器》，浙江人民出版社二〇二二年版，第三頁。

（五）鄭建華、謝西營、張馨月著《浙江古代青瓷》，浙江人民出版社二〇二二年版，上册，第四頁。

（六）宋建明主編《早期越窑——上虞歷史文化的豐碑》，中國書店二〇一四年版，第二四頁。

鄉。《（嘉泰）會稽志》卷十七記載「會稽之産稻之美者，凡五十六種」，稻作文明的進步又直接促成了紹興釀酒業的發展。同卷又單列「日鑄茶」一條，釋曰「日鑄嶺在會稽縣東南五十五里，嶺下有僧寺名資壽，其陽坡名油車，朝暮常有日，産茶絶奇，故謂之日鑄」。可見紹興歷史上物質文明之發達，真可謂「天下無儔」。

二

紹興有博大精深的文化，是中華文化的縮影。

文化是一條源遠流長的河，流過昨天，流到今天，還要流向明天。悠悠萬事若曇花一現，唯有文化與日月同輝。

大量的歷史文獻與遺址古迹表明，四千多年前，大禹與紹興結下了不解之緣。大禹治平天下之水，漸九川，定九州，至於諸夏乂安，《史記·夏本紀》載：「禹會諸侯江南，計功而崩，因葬焉，命曰會稽。會稽者，會計也。」裴駰注引《皇覽》曰：「禹冢在山陰縣會稽山上。會稽山本名苗山，在縣南，去縣七里。」《（嘉泰）會稽志》卷六「大禹陵」：「禹巡守江南，上苗山，會稽諸侯，死而葬焉。……劉向書云：禹葬會稽，不改其列，謂不改林木百物之列也。苗山自禹葬後，更名會稽。是山之東，有隴隱若劍脊，西嚮而下，下有窆石，或云此正葬處。」另外，大禹在以會稽山爲中心的越地，還有一系列重大事迹的記載，包括娶妻塗山、得書宛委、畢功了溪、誅殺防風、禪祭會稽、築治邑室等。

以至越王句踐，「其先禹之苗裔，而夏后帝少康之庶子也，封於會稽，以奉守禹之祀」（《史記·越王句踐世家》）。句踐的功績，集中體現在他一系列的改革舉措以及由此而致的强國大業上。

他創造了「法天象地」這一中國古代都城選址與布局的成功範例，奠定了近一個半世紀越國號稱天下强國的基礎，造就了紹興發展史上的第一個高峰，更實現了東周以來中國東部沿海地區暨長江下游地區的首次一體化，讓人們在數百年的分裂戰亂當中，依稀看到了一統天下的希望，爲後來秦始皇統一中國，建立真正大一統的中央政權，進行了區域性的準備。因此，司馬遷稱：「苗裔句踐，苦身焦思，終滅强吴，北觀兵中國，以尊周室，號稱霸王。句踐可不謂賢哉！蓋有禹之遺烈焉。」

千百年來，紹興涌現出了諸多譽滿海内、雄稱天下的思想家，他們的著述世不絶傳、遺澤至今，他們的思想卓犖英發、光彩奪目。哲學領域，聚諸子之精髓，啓後世之思想。政治領域，以家國之情懷，革社會之弊病。經濟領域，重生民之生業，謀民生之大計。教育領域，育天下之英才，啓時代之新風。史學領域，創史志之新例，傳千年之文脉。

紹興是中國古典詩歌藝術的寶庫。四言詩《候人歌》被稱爲「南音之始」。於越《彈歌》是我國文學史上僅存的二言詩。《越人歌》是越地的第一首情歌、中國的第一首譯詩。山水詩的鼻祖，是上虞人謝靈運。唐代，這裏涌現出了賀知章等三十多位著名詩人。宋元時，這裏出了别開詩歌藝術天地的陸游、王冕、楊維楨。

紹興是中國傳統書法藝術的故鄉。鳥蟲書與《會稽刻石》中的小篆，影響深遠。中國的文字成爲藝術品之習尚，文字由書寫轉向書法，是從越人的鳥蟲書開始的。而自王羲之《蘭亭序》之後，紹興更是成爲中國書法藝術的聖地。翰墨碑刻，代有名家精品。

紹興是中國古代繪畫藝術的重鎮。世界上最早彩陶的燒製，展現了越人的審美情趣。「文身斷髮」與「鳥蟲書」，實現了藝術與生活最原始的結合。戴逵與戴顒父子、僧仲仁、王冕、徐渭、陳洪綬、趙之謙、任熊、任伯年等在中國繪畫史上有開宗立派的地位。

一九一二年一月，魯迅爲紹興《越鐸日報》創刊號所作發刊詞中寫道：「於越故稱無敵於天下，海岳精液，善生俊異，後先絡繹，展其殊才；其民復存大禹卓苦勤勞之風，同句踐堅確慷慨之志，力作治生，綽然足以自理。」可見，紹興自古便是中華文化的重要發源地與傳承地，紹興人更是世代流淌着「卓苦勤勞」「堅確慷慨」的精神血脉。

三

紹興有琳琅滿目的文獻，是中華文獻的縮影。

自有文字以來，文獻典籍便成了人類文明與人類文化的基本載體。紹興地方文獻同樣爲中華文明與中華文化的傳承發展，作出了傑出的貢獻。

中華文明之所以成爲世界上唯一没有中斷、綿延至今、益發輝煌的文明，在於因文字的綿延不絶而致的文獻的源遠流長、浩如煙海。中華文化之所以成爲中華民族有别於世界上其他任何民族的顯著特徵並流傳到今天，靠的是中華兒女一代又一代的言傳身教、口口相傳，更靠的是文獻典籍一代又一代的忠實書寫、守望相傳。

無數的甲骨、簡牘、古籍、拓片等中華文獻，無不昭示着中華文明的光輝燦爛、欣欣向榮，無不昭示着中華文化的廣博淵綜、蒸蒸日上。它們既是中華文明與中華文化的基本載體，又是中華文明與中華文化的重要組成部分，是十分重要的物質文化遺産。

紹興地方文獻作爲中華文獻重要的組成部分，積澱極其豐厚，特色十分明顯。

（一）文獻體系完備

紹興的文獻典籍根基深厚，載體體系完備，大體經歷了四個階段的歷史演變。

一是以刻符、紋樣、器型爲主的史前時代。代表性的，有作爲上山文化的小黄山遺址中出土的彩陶上的刻符、印紋、圖案等。

二是以金石文字爲主的銘刻時代。代表性的，有越國時期玉器與青銅劍上的鳥蟲書等銘文、秦《會稽刻石》、漢「大吉」摩崖、漢魏六朝時的會稽磚甓銘文與會稽青銅鏡銘文等。

三是以雕版印刷爲主的版刻時代。代表性的，有中唐時期越州刊刻的元稹、白居易的詩集。唐長慶四年（八二四），浙東觀察使兼越州刺史元稹，在爲時任杭州刺史的好友白居易《白氏長慶集》所作的序言中寫道：「揚、越間多作書模勒樂天及予雜詩，賣於市肆之中也。」這是有關中國刊印書籍的最早記載之一，説明越地開創了「模勒」這一雕版印刷的風氣之先。宋時，兩浙路茶鹽司等機關和紹興府、紹興府學等，競相刻書，版刻業快速繁榮，紹興成爲兩浙乃至全國的重要刻書地，所刻之書多稱「越本」「越州本」。明代，紹興刊刻呈現出了官書刻印多、鄉賢先哲著作和地方文獻多、私家刻印特色叢書多的特點。清代至民國，紹興整理、刊刻古籍叢書成風，趙之謙、平步青、徐友蘭、章壽康、羅振玉等，均有大量輯刊，蔡元培早年應聘於徐家校書達四年之久。

四是以機器印刷爲主的近代出版時期。這一時期呈現出傳統技術與西方新技術並存、傳統出版物與維新圖强讀物並存的特點。代表性的出版機構，在紹興的有徐友蘭於一八六二年創辦的墨潤堂等。另外，吴隱於一九〇四年參與創辦了西泠印社；紹興人沈知方於一九一二年參與創辦了中華書局，還於一九一七年創辦了世界書局。代表性的期刊，有羅振玉於一八九七年在上海創辦的《農學報》，杜亞泉於一九〇一年在上海創辦的《普通學報》，羅振玉於一九〇一年在上海發起、王國維主筆的《教育世界》，杜亞泉等於一九〇二年在上海編輯的《中外算報》，秋瑾於一九〇七年在上海創辦的《中國女報》等。代表性的報紙，有蔡元培於一九〇三年在上海創辦的《俄事警聞》等。

紹興文獻典籍的這四個演進階段，既相互承接，又各具特色，充分彰顯了走在歷史前列、引領時代潮流的特徵，總體上呈現出了載體越來越多元、內涵越來越豐富、傳播越來越廣泛、對社會生活的影響越來越深遠的歷史趨勢。

（二）藏書聲聞華夏

紹興歷史上刻書多，便爲藏書提供了前提條件，因而藏書也多。大禹曾「登宛委山，發金簡之書，案金簡玉字，得通水之理」（《吴越春秋》卷六），還「巡狩大越，見耆老，納詩書」（《越絶書》卷八），這是紹興有關采集收藏圖書的最早記載。句踐曾修築「石室」藏書，「晝書不倦，晦誦竟旦」（《越絶書》卷十二）。

造紙術與印刷術的發明和推廣，使得書籍可以成批刷印，爲藏書提供了極大便利。王充得益於藏書資料，寫出了不朽的《論衡》。南朝梁時，山陰人孔休源「聚書盈七千卷，手自校治」（《梁書·孔休源傳》），成爲紹興歷史上第一位有明文記載的藏書家。唐代時，越州出現了集刻書、藏書、讀書於一體的書院。五代十國時，南唐會稽人徐鍇精於校勘，雅好藏書，「江南藏書之盛，爲天下冠，鍇力居多」（《南唐書·徐鍇傳》）。

宋代雕版印刷術日趨成熟，爲書籍的化身千百與大規模印製創造了有利條件，也爲藏書提供了更多來源。特別是宋室南渡、越州升爲紹興府後，更是出現了以陸氏、石氏、李氏、諸葛氏等爲代表的藏書世家。陸游曾作《書巢記》，稱「吾室之内，或棲於櫝，或陳於前，或枕藉於床，俯仰四顧，無非書者」。《（嘉泰）會稽志》中專設《藏書》一目，説明了當時藏書之風的盛行。元時，楊維楨「積書數萬卷」（《鐵笛道人自傳》）。

明代藏書業大發展，出現了鈕石溪的世學樓等著名藏書樓。其中影響最大的藏書家族，當數山陰祁氏；影響最大的藏書樓，當數祁承㸁創辦的澹生堂，至其子彪佳時，藏書達三萬多卷。

清代是紹興藏書業的鼎盛時期，有史可稽者凡二十六家，諸如章學誠、李慈銘、陶濬宣等。上虞王望霖建天香樓，藏書萬餘卷，尤以藏書家之墨迹與鈎摹鐫石聞名。徐樹蘭創辦的古越藏書樓，以存古開新爲宗旨，以資人觀覽爲初心，成爲中國近代第一家公共圖書館。

民國時，代表性的紹興藏書家與藏書樓有：羅振玉的大雲書庫、徐維則的初學草堂、蔡元培創辦的養新書藏、王子餘開設的萬卷書樓、魯迅先生讀過書的三味書屋等。

根據二〇一六年完成的古籍普查結果，紹興全市十家公藏單位，共藏有一九一二年以前産生的中國傳統裝幀書籍與民國時期的傳統裝幀書籍三萬九千七百七十七種、二十二萬六千一百二十五册，分别占了浙江省三十三萬七千四百零五種的百分之十一點七九、二百五十萬六千六百三十三册的百分之九點零二。這些館藏的文獻典籍，有不少屬於名人名著，其中包括在别處難得見到的珍稀文獻。這是紹興這個地靈人傑的文獻名邦確實不同凡響的重要見證。

一部紹興的藏書史，其實也是一部紹興人的讀書、用書、著書史。歷史上的紹興，刻書、藏書、讀書、用書、著書，良性循環，互相促進，成爲中國文化史上一道亮麗的風景。

（三）著述豐富多彩

紹興自古以來，論道立説、卓然成家者代見輩出，創意立言、名動天下者繼踵接武，歷朝皆有傳世之作，各代俱見槩槩之著。這些文獻，不僅對紹興一地有重要價值，而且也是浙江文化乃至中國古代文化的重要組成部分。

一是著述之風，遍及各界。越人的創作著述，文學之士自不待言，爲政、從軍、業賈者亦多喜筆耕，屢有不刊之著。甚至於鄉野市井之口頭創作、謠歌俚曲，亦代代敷演，蔚爲大觀，其中更是多有内蕴厚重、哲理深刻、色彩斑斕之精品，遠非下里巴人，足稱陽春白雪。

二是著述整理，尤爲重視。越人的著述，包括對越中文獻乃至我國古代文獻的整理。宋孔延之的《會稽掇英總集》，清杜春生的《越中金石記》，近代魯迅的《會稽郡故書雜集》等，都是收輯整理地方文獻的重要成果。陳橋驛所著《紹興地方文獻考録》，是另一種形式的著述整理，其中考録一九四九年前紹興地方文獻一千二百餘種。清代康熙年間，紹興府山陰縣吴楚材、吴調侯叔侄選編的《古文觀止》，自問世以來，一直是古文啓蒙的必備書，也深受古文愛好者的推崇。

三是著述領域，相涉廣泛。越人的著述，涉及諸多領域。其中古代以經、史與諸子百家研核之作爲多，且基本上涵蓋了經、史、子、集的各個分類，近現代以文藝創作爲多，當代則以科學研究論著爲多。這也體現了越中賢傑經世致用、與時俱進的家國情懷。

四

盛世修典，承古啓新，以「紹興」之名，行紹興之實。

紹興這個名字，源自宋高宗的升越州爲府，並冠以年號，時在紹興元年（一一三一）的十月廿六日。這是對這座城市傳統的畫龍點睛。紹興這兩個字合在一起，蘊含的正是承繼前業而壯大之、開創未來而昌興之的意思。數往而知來，今天的紹興人正賦予這座城市、這個名字以新的意蘊，那就是繼承中華優秀傳統文化，建設中華民族現代文明，爲實現中華民族偉大復興，作出自己新的更大的貢獻。

編纂出版《紹興大典》，正是紹興地方黨委、政府文化自信、文化自覺的體現，是集思廣益、精心實施的德政，是承前啓後、繼往開來的偉業。

（一）科學的決策

《紹興大典》的編纂出版，堪稱黨委、政府科學決策的典範。二〇二〇年十二月十一日，中共紹興市委八屆九次全體（擴大）會議審議通過了關於紹興市「十四五」規劃和二〇三五年遠景目標的建議，其中首次提出要啓動《紹興大典》的編纂出版工作。

二〇二一年二月五日，紹興市第八屆人民代表大會第六次會議批准了市政府根據市委建議編製的紹興市「十四五」規劃和二〇三五年遠景目標綱要，其中又專門寫到要啓動《紹興大典》的編纂出版工作。二月八日，紹興市人民政府正式印發了這個重要文件。

二〇二二年二月二十八日的中共紹興市第九次代表大會市委工作報告與三月三十日的紹興市九届人大一次會議政府工作報告，均對編纂出版《紹興大典》提出了要求。

二〇二二年九月十五日，紹興市人民政府第十一次常務會議專題聽取了《〈紹興大典〉編纂出版工作實施方案》起草情况的匯報，決定根據討論意見對實施意見進行修改完善後，提交市委常委會議審議。九月十六日，中共紹興市委九届二十次常委會議專題聽取《〈紹興大典〉編纂出版工作實施方案》起草情況的匯報，並進行了討論，決定批准這個方案。十月十日，中共紹興市委辦公室、紹興市人民政府辦公室正式印發了《〈紹興大典〉編纂出版工作實施方案》。

（二）嚴謹的體例

在中共紹興市委、紹興市人民政府研究批准的實施方案中，《紹興大典》編纂出版的各項相關事宜，均得以明確。

一是主要目標。系統、全面、客觀梳理紹興文化傳承脉絡，收集、整理、編纂、研究、出版紹興地方文獻，使《紹興大典》成爲全國鄉邦文獻整理編纂出版的典範和紹興文化史上的豐碑，爲努力打造「文獻保護名邦」「文史研究重鎮」「文化轉化高地」三張紹興文化的金名片作出貢獻。

二是收録範圍。《紹興大典》收録的時間範圍爲：起自先秦時期，迄至一九四九年九月三十日，部分文獻酌情下延。地域範圍爲：今紹興市所轄之區、縣（市），兼及歷史上紹興府所轄之蕭山、餘姚。內容範圍爲：紹興人的著述，域外人士有關紹興的著述，歷史上紹興刻印的古籍善本和紹興收藏的珍稀古籍善本。

三是編纂方法。對所録文獻典籍，按經、史、子、集和叢五部分類方法編纂出版。

根據實施方案明確的時間安排與階段劃分，在具體編纂工作中，采用先易後難、先急後緩，邊編纂出版、邊深入摸底的方法。即先編纂出版情況明瞭、現實急需的典籍，與此同時，對面上的典籍情況進行深入的摸底調查。這樣的方法，既可以用最快的速度出書，以滿足保護之需、利用之需，又可以爲一些難題的破解争取時間；既可以充分發揮我國實力最强的專業古籍出版社中華書局的編輯出版優勢，又可以充分借助與紹興相關的典籍一半以上收藏於我國古代典籍收藏最爲宏富的國家圖書館的優勢。這是最大限度地避免時間與經費上的重複浪費的方法，也是地方文獻編纂出版工作方法上的創新。

另外，還將適時延伸出版《紹興大典·要籍點校叢刊》《紹興大典·文獻研究叢書》《紹興大典·善本影真叢覽》等。

（三）非凡的意義

正如紹興的文獻典籍在中華文獻典籍史上具有重要的影響那樣，編纂出版《紹興大典》的意義，同樣也是非同尋常的。

一是編纂出版《紹興大典》，對於文獻典籍的更好保護——活下來，具有非同尋常的意義。歷史上的文獻典籍，是中華文明歷經滄桑留下的最寶貴的東西。然而，這些瑰寶或因天災人禍，或因自然老化，或因使用過度，或因其他緣故，有不少已經處於岌岌可危甚至奄奄一息的境況。

編纂出版《紹興大典》，可以爲系統修復、深度整理這些珍貴的古籍争取時間；可以最大限度呈現底本的原貌，緩解藏用的矛盾，更好地方便閲讀與研究。這是文獻典籍眼下的當務之急，最好的續命之舉。

二是編纂出版《紹興大典》，對於文獻典籍的更好利用——活起來，具有非同尋常的意義。歷史上的文獻典籍，流傳到今天，實屬不易，殊爲難得。它們雖然大多保存完好，其中不少還是善本，但分散藏於公私，積久塵封，世人難見；也有的已成孤本，或至今未曾刊印，僅有稿本、抄本，秘不示人，無法查閲。

編纂出版《紹興大典》，將穿越千年的文獻、深庋密鎖的秘藏、散落全球的珍寶匯聚起來，化身萬千，走向社會，走近讀者，走進生活，既可防它們失傳之虞，又可使它們嘉惠學林，也可使它們古爲今用，文旅融合，還可使它們延年益壽，推陳出新。這是於文獻典籍利用一本萬利、一舉多得的好事。

三是編纂出版《紹興大典》，對於文獻典籍的更好傳承——活下去，具有非同尋常的意義。歷史上的文獻典籍，能保存至今，是先賢們不惜代價，有的是不惜用生命爲代價換來的。對這些傳承至今的古籍本身，我們應當倍加珍惜。

編纂出版《紹興大典》，正是爲了述録先人的開拓，啓迪來者的奮鬥，使這些珍貴古籍世代相傳，使蘊藏在這些珍貴古籍身上的中華優秀傳統文化世代相傳。這是中華文化創造性轉化、創新性發展的通途所在。

編纂出版《紹興大典》，是紹興文化發展史上的曠古偉業。編成後的《紹興大典》，將成爲全國範圍内的同類城市中，第一部收録最爲系統、内容最爲豐贍、品質最爲上乘的地方文獻集成。

紹興這個地方，古往今來，都在不懈超越。超乎尋常，追求卓越。超越自我，超越歷史。《紹興大典》的編纂出版，無疑會是紹興文化發展史上的又一次超越。

道阻且長，行則將至；行而不輟，成功可期。「後之視今，亦猶今之視昔」；「後之覽者，亦將有感於斯文」（《蘭亭集序》）。讓我們一起努力吧！

馮建榮

二〇二三年六月十日，星期六，成稿於寓所

二〇二三年中秋、國慶假期，校改於寓所

編纂説明

紹興古稱會稽，歷史悠久。

大禹治水，畢功了溪，計功今紹興城南之茅山（苗山），崩後葬此，此山始稱會稽，此地因名會稽，距今四千多年。

大禹第六代孫夏后少康封庶子無餘於會稽，以奉禹祀，號曰「於越」，此爲吾越得國之始。《竹書紀年》載，成王二十四年，於越來賓。是亦此地史載之始。

距今兩千五百多年，越王句踐遷都築城於會稽山之北（今紹興老城區），是爲紹興建城之始，於今城不移址，海内罕有。

秦始皇滅六國，御海内，立郡縣，成定制。是地屬會稽郡，郡治爲吴縣，所轄大率吴越故地。東漢順帝永建四年（一二九），析浙江之北諸縣置吴郡，是爲吴越分治之始。會稽名仍其舊，郡治遷山陰。由隋至唐，會稽改稱越州，時有反復，至中唐後，「越州」遂爲定稱而至於宋。所轄時有增減，至五代後梁開平二年（九〇八），吴越析剡東十三鄉置新昌縣，自此，越州長期穩定轄領會稽、山陰、蕭山、諸暨、餘姚、上虞、嵊縣、新昌八邑。

建炎四年（一一三〇），宋高宗趙構駐蹕越州，取「紹奕世之宏庥，興百年之丕緒」之意，下詔從建炎五年正月改元紹興。紹興元年（一一三一）十月己丑升越州爲紹興府，斯地乃名紹興，沿用至今。歷史的悠久，造就了紹興文化的發達。數千年來文化的發展、沉澱，又給紹興留下了燦爛的文化載體——鄉邦文獻。保存至今的紹興歷史文獻，有方志著作、家族史料、雜史輿圖、文人筆記、先賢文集、醫卜星相、碑刻墓誌、摩崖遺存、地名方言、檔案文書等不下三千種，可以説，凡有所録，應有盡有。這些文獻從不同角度記載了紹興的山川地理、風土人情、經濟發展、人物傳記、著述藝文等各個方面，成爲人們瞭解歷史、傳承文明、教育後人、建設社會的重要參考資料，其中許多著作不僅對紹興本地有重要價值，也是江浙文化乃至中華古代文化的重要組成部分。

紹興歷代文人對地方文獻的探尋、收集、整理、刊印等都非常重視，並作出過不朽的貢獻，陳橋驛先生就是代表性人物。正是在他的大力呼籲下，時任紹興縣政府主要領導作出了編纂出版《紹興叢書》的決策，爲今日《紹興大典》的編纂出版積累了經驗，奠定了基礎。

時至今日，爲貫徹落實習近平總書記系列重要講話精神，奮力打造新時代文化文明高地，重輝「文獻名邦」，中共紹興市委、市政府毅然作出編纂出版《紹興大典》的決策部署。延請全國著名學者樓宇烈、袁行霈、安平秋、葛劍雄、吴格、李岩、熊遠明、張志清諸先生參酌把關，與收藏紹興典籍最豐富的國家圖書館等各大圖書館以及專業古籍出版社中華書局展開深度合作，成立專門班子，精心規劃組織，扎實付諸實施。《紹興大典》是地方文獻的集大成之作，出版形式以紙質書籍爲主，同步開發建設數據庫。其基本内容，包括以下三方面：

一、《紹興大典》影印精裝本文獻大全。這方面内容囊括一九四九年前的紹興歷史文獻，收録的原則是「全而優」，也就是文獻求全收録；同一文獻比對版本優劣，收優斥劣。同時特别注重珍稀性、孤罕性、史料性。

《紹興大典》影印精裝本收錄範圍：

時間範圍：起自先秦時期，迄至一九四九年九月三十日，部分文獻可酌情下延。

地域範圍：今紹興市所轄之區、縣（市），兼及歷史上紹興府所轄之蕭山、餘姚。

内容範圍：紹興人（本籍與寄籍紹興的人士、寄籍外地的紹籍人士）撰寫的著作，非紹興籍人士撰寫的與紹興相關的著作，歷史上紹興刻印的古籍珍本和紹興收藏的古籍珍本。

《紹興大典》影印精裝本編纂體例，以經、史、子、集、叢五部分類的方法，對收録範圍内的文獻，進行開放式收録，分類編輯，影印出版。五部之下，不分子目。

經部：主要收録經學（含小學）原創著作；經校勘校訂，校注校釋，疏、證、箋、解、章句等的經學名著；爲紹籍經學家所著經學著作而撰的著作，等等。

史部：主要收録紹興地方歷史書籍，重點是府縣志、家史、雜史等三個方面的歷史著作。

子部：主要收録專業類書，比如農學類、書畫類、醫卜星相類、儒釋道宗教類、陰陽五行類、傳奇類、小説類，等等。

集部：主要收録詩賦文詞曲總集、別集、專集，詩律詞譜，詩話詞話，南北曲韻，文論文評，等等。

叢部：主要收録不入以上四部的歷史文獻遺珍、歷史文物和歷史遺址圖録彙總、戲劇曲藝脚本、報章雜志、音像資料等。不收傳統叢部之文叢、彙編之類。

《紹興大典》影印精裝本在收録、整理、編纂出版上述文獻的基礎上，同時進行書目提要的撰寫，並細編索引，以起到提要鉤沉、方便實用的作用。

二、《紹興大典》點校研究及珍本彙編。主要是《紹興大典》影印精裝本的延伸項目，形成三個成果，即《紹興大典·要籍點校叢刊》《紹興大典·文獻研究叢書》《紹興大典·善本影真叢覽》三叢。

選取影印出版文獻中的要籍，組織專家分專題開展點校等工作，排印出版《紹興大典·要籍點校叢刊》；及時向社會公布推出出版文獻書目，開展《紹興大典》收録文獻研究，分階段出版研究成果《紹興大典·文獻研究叢書》；選取品相完好、特色明顯、内容有益的優秀文獻，原版原樣綫裝影印出版《紹興大典·善本影真叢覽》。

三、《紹興大典》文獻數據庫。以《紹興大典》影印精裝本和《紹興大典·要籍點校叢刊》《紹興大典·文獻研究叢書》《紹興大典·善本影真叢覽》三叢爲基幹構建。同時收録大典編纂過程中所涉其他相關資料，未用之版本，書佚目存之書目等，動態推進。

《紹興大典》編纂完成後，應該是一部體系完善、分類合理、全優兼顧、提要鮮明、檢索方便的大型文獻集成，必將成爲地方文獻編纂的新範例，同時助力紹興打造完成「歷史文獻保護名邦」「地方文史研究重鎮」「區域文化轉化高地」三張文化金名片。

《紹興大典》在中共紹興市委、市政府領導下組成編纂工作指導委員會，組織實施並保障大典工程的順利推進，同時組成由紹興市爲主導、國家圖書館和中華書局爲主要骨幹力量、各地專家學者和圖書館人員爲輔助力量的編纂委員會，負責具體的編纂工作。

《紹興大典》編纂委員會

二〇二三年五月

史部編纂説明

紹興自古重視歷史記載，在現存數千種紹興歷史文獻中，史部著作占有極爲重要的位置。因其内容豐富、體裁多樣、官民兼撰的特點，成爲《紹興大典》五大部類之一，而别類專纂，彙簡成編。

按《紹興大典·編纂説明》規定：「以經、史、子、集、叢五部分類的方法，對收録範圍内的文獻，進行開放式收録，分類編輯，影印出版。五部之下，不分子目。」「史部：主要收録紹興地方歷史書籍，重點是府縣志、家史、雜史等三個方面的歷史著作。」

紹興素爲方志之鄉，纂修方志的歷史較爲悠久。據陳橋驛《紹興地方文獻考録》（浙江人民出版社，一九八三年版）統計，僅紹興地區方志類文獻就「多達一百四十餘種，目前尚存近一半」。在最近三十多年中，紹興又發現了不少歷史文獻，堪稱卷帙浩繁。

據《紹興大典》編纂委員會多方調查掌握的信息，府縣之中，既有最早的府志——南宋二志《（嘉泰）會稽志》和《（寶慶）會稽續志》，也有最早的縣志——宋嘉定《剡録》；既有耳熟能詳的《（萬曆）紹興府志》，也有海内孤本《（嘉靖）山陰縣志》；更有寥若晨星的《永樂大典》本《紹興府志》，等等。存世的紹興府縣志，明代纂修並存世的萬曆爲最多，清代纂修並存世的康熙爲最多。

家史資料是地方志的重要補充，紹興地區家史資料豐富，《紹興家譜總目提要》共收録紹興相關家譜資料三千六百七十九條，涉及一百七十七個姓氏。據二〇〇六年《紹興叢書》編委會對上海圖書館藏紹興文獻的調查，上海圖書館館藏的紹興家史譜牒資料有三百多種，據紹興圖書館最近提供的信息，其館藏譜牒資料有二百五十多種，一千三百七十八册。紹興人文薈萃，歷來重視繼承弘揚耕讀傳統，家族中尤以登科進仕者爲榮，每見累世科甲、甲第連雲之家族，如諸暨花亭五桂堂黄氏、山陰狀元坊張氏，等等。家族中每有中式，必進祠堂，祭祖宗，禮神祇，乃至重纂家乘。因此纂修家譜之風頗盛，聯宗聯譜，聲氣相通，呼應相求，以期相將相扶，百世其昌，因此留下了浩如煙海、簡册連編的家史譜牒資料。家史資料入典，將遵循「姓氏求全，譜目求全，譜牒求優」的原則遴選。

雜史部分是紹興歷史文獻中内容最豐富、形式最多樣、撰者最衆多、價值極珍貴的部分。記載的内容無比豐富，撰寫的體裁多種多樣，留存的形式面目各異。其中私修地方史著作，以東漢袁康、吴平所輯的《越絶書》及稍後趙曄的《吴越春秋》最具代表性，是紹興現存最早較爲系統完整的史著。

雜史部分的歷史文獻，有非官修的專業志、地方小志，如《三江所志》《倉帝廟志》《螭陽志》等；有以韻文形式撰寫的如《山居賦》《會稽三賦》等；有碑刻史料如《會稽刻石》《龍瑞宫刻石》等；有詩文游記如《沃洲雜詠》等；有珍貴的檔案史料如《明浙江紹興府諸暨縣魚鱗册》等；有名人日記如《祁忠敏公日記》《越縵堂日記》等；有綜合性的歷史著作如海内外孤本《越中雜識》等；也有鉤沉稽古的如《虞志稽遺》等。既有《救荒全書》《欽定浙江賦役全書》這樣專業的經濟史料，也有《越中八景圖》這樣的圖繪史料等。舉凡經濟、人物、教育、方言風物、名人日記等，應有盡有，不勝枚舉。尤以地理爲著，諸如山川風物、名勝古迹、水利關津、衛所武備、天文醫卜等，莫不悉備。

這些歷史文獻，有的是官刻，有的是坊刻，有的是家刻。有特別珍貴的稿本、鈔本、寫本，也有珍稀孤罕首次面世的史料。由於《紹興大典》的編纂出版，這些文獻得以呈現在世人面前，俾世人充分深入地瞭解紹興豐富多彩的歷史文化。受編纂者學識見聞以及客觀條件之限制，難免有疏漏錯訛之處，祈望方家教正。

《紹興大典》編纂委員會
二〇二三年五月

寶慶會稽續志 八卷

〔宋〕張淏纂修

明正德五年（一五一〇）刻本

影印説明

《（寶慶）會稽續志》八卷，宋張淏纂修。明正德五年（一五一〇）石存禮刻本。半葉十行行二十字，小字雙行同，白口，單魚尾，左右雙邊。原書版框尺寸高22.0釐米，寬16.0釐米。書前有寶慶元年（一二二五）張淏《會稽續志序》，後有王綖《書重刊會稽志後》。

本志爲《（嘉泰）會稽志》續補之作。沿襲嘉泰志體例，前七卷共平列五十目，卷八爲孫因所撰《越問》。主要記述嘉泰元年（一二〇一）以後事，對嘉泰志也有所補正。張淏自序謂：「所書固辛酉以後事，而前志一時偶有遺逸者因追補之，疎略者因增廣之，譌誤者因是正之。異時有問我以越事，敢執此以謝。」《四庫全書總目》稱贊此書「簡核不苟」，並謂其與《（嘉泰）會稽志》「皆地志中之有體要者」。

張淏，字清源，號雲谷，武義（今屬金華）人，紹興二十七年（一一五七）進士，著有《雲谷雜記》四卷，久佚，四庫館臣自《永樂大典》中輯出。

本書宋刊本已佚，明清兩朝均有重刊，如明正德五年刻本、清嘉慶十三年（一八〇八）采鞠軒刻本，均與《（嘉泰）會稽志》合刻。

是書首葉鈐「鐵琴銅劍樓」白文長方印。卷八末葉有刊記：「皇明正德五年龍集庚午九月初吉重刊。」國家圖書館藏有此書正德刻本二部。此次影印，以國家圖書館藏鐵琴銅劍樓舊藏本爲底本。另據《中國地方志聯合目録》，上海圖書館、南京圖書館、中国科學院南京地理與湖泊研究所亦有收藏。

會稽續志序

會稽志作於嘉泰辛酉距今二十有五年夫物有變遷事有沿革今昔不可同日語也況城府內外斬然一新則越又非曩之越矣茍不隨時紀録後將何所攷昔虞翻朱育荅郡太守問會稽古今事應對如流纖悉弗遺當時但歎其殫洽殊不知二公皆邑人也其習熟有非一日淏雖世本中原僑寓是邦蓋有年矣山川風土之詳人材物産之富與夫事物之沿革變遷曩嘗訪聞茲又目擊於越事亦粗稔懼其久而遺忘輙裒輯而彙次之總爲一編曰會稽續志所書

固辛酉以後事而前志一時偶有遺逸者因追補之踈略者因增廣之譌誤者因是正之異時有問我以越事敢執此以謝寶慶元年三月旦日梁國張淏序

會稽續志目録

進士　僊釋　詩文

第七卷

雜紀　拾遺

會稽續志卷第一

越

史記越世家云夏少康之庶子無余也封於會稽以奉禹祠賀循會稽記云少康其少子號曰於越越國之稱始於此按越絶書禹到大越上苗山會計爵有德封有功更茅山曰會稽是越之稱已見於三代之前非始於無余之封也賀循蓋未之考爾言越而冠之以大則越自昔爲大國可知矣

會稽

會稽上應牽牛之宿下當少陽之位自晉渡江以來

三吳豪傑嘗請以爲都後雖不果亦足見當時以爲重地言其形勢則晉元帝以爲今之關中言其豐腴則江左諸公比之鄠杜之間是擬之長安矣蓋其地襟海帶江方制千里實東南一大都會又物産之饒魚鹽之富實爲浙右之奥區也昔熙寧中陳舜俞嘗云越爲東南一都會公私晏安百度饒羨蒼山白水連屬附郭古今以爲人物登覽之勝於是朝廷以守帥之重遇名卿佚元老似非勳望地勢能居一時之右者莫敢當也在彼時其重已如此況 今日乎

中興以來地拱 行都去天尺五非但爲扶風馮翊

而已

至唐中和三年升越爲義勝軍以劉漢宏爲節度使光啓三年改義勝軍爲威勝軍以董昌爲節度使乾寧三年改威勝軍爲鎮東軍以錢鏐爲鎮海鎮東軍節度使且陞爲大都督府鏐如越州受命還治錢塘號越州爲東府梁貞明中鏐既爲吳越國王遂以杭爲西都越爲東都其後又以越爲會稽府以州爲府不得其府鏐孫儀[redacted]判會稽府亦不知在何時以上史冊既備之則沿革之詳似不容畧也故備論於此

風俗

前志論風俗之美謂有禹之遺風王銍學記云餘姚有諸馮之地舜所生也會稽之地禹所没也舜禹功被萬世而有見於風俗又王安石有歷山賦蓋亦思舜而作也則習俗之美兼有舜之遺風矣或謂舜君河東歷山雷澤各有其地越人別指歷山舜井象田仍以餘姚上虞名縣風土記曲爲之辭未免附會此周文忠公陸氏翼孟音解序也然自古書傳阨於秦火彼是此非無從折衷是否當不必問今但取其風俗之美耳

城郭

羅城隋開皇中楊素所築唐乾寧中錢鏐重修皇祐中守王逵復修且浚治地壕嘉定十三年守吳格雖

重修後多摧圮十六年汪綱又加繕治併修諸門城之東曰五雲門（即古雷門晉王獻之所居有五色祥雲見故取以名門）水門曰都泗（舊作賜）東南曰稽山門水門曰東郭西曰迎恩門（唐昭宗命錢鏐討董昌鏐以兵三萬屯迎恩門則迎恩之名其來久矣）西南曰常喜門（又謂之偏門）南曰植利門北曰三江門以至堰埭亦皆修築視宣和劉侯有光焉

子城嘉祐初刁約奏修之至八年始克成歲久復壞嘉定癸未守汪綱旣治羅城因併葺其缺壞譙樓并鎮東軍門秦望門亦加䕶飾而補葺之遂爲一郡壯觀

學校

慶曆四年詔天下皆立學于景祐中李照始議創建至嘉祐中方成隆興二年守吳芾重修周綰爲記嘉定十六年汪綱又增葺之

縣學

嵊縣學在縣西嘉定七年令史安之移建於縣西南繼錦坊爲屋百區袁燮作記

上虞縣學淳熙十一年令劉宫重修豐誼作記

山陰縣學嘉定十六年令趙汝駉重修郡捐緡錢三十萬以助其費陳耆卿作記

蕭山縣學嘉定十七年汪綱委監和旨酒庫葉應輔爲主學而學舍頽弊爲甚捐錢三十萬米數十石重修他邑有學亦加整葺

貢院

郡昔遇科舉即僧舍爲試所忠定史公鎮越時得爽塏地乾道九年守錢端禮始創貢院其時舉人比今僅及其半嘉定十五年歲適大比守汪綱乃重行整葺且增屋三十間視庭下地雖稍廣遇雨則泥濘不可容足又命鑿石加甃坦然如砥士子便之院前待試地亦計工石塡砌爲求久利云

教場

小教場元在卧龍山上頗爲隘狹嘉定十五年守汪綱命以作院地創築前建臺門繚以牆垣中爲堂曰雄威以爲常教之所

軍營

府之軍營凡十有二曰雄節係將第一指揮曰威捷第二係將指揮曰威果係將第二十二指揮第二十三指揮不係將第五十四指揮曰全捷係將第四指揮第五指揮曰全捷不係將第十三指揮曰廂軍崇節第一指揮第八指揮曰壯城指揮曰牢城指揮廢

壞久不葺軍兵皆僦居於外嘉定十六年守汪綱葺舊外添創屋一千餘閒盡括軍兵遷入營壘於是軍制稍嚴整矣

都作院在小教場之側嘉定十五年守汪綱創建凡屋二十餘閒

倉

苗米倉在府衙東

糯米倉在西門外

並嘉定十五年守汪綱重修及添造

庫

勑書架閣庫

聖節儀仗庫

書板庫

東甲仗庫

西甲仗庫

陳設庫

銀器庫

書籍庫

雜物庫

軍資庫

公使庫

倚卓庫

轎庫

炭庫

牙契局　　果子局　　燈油局

賣酒交錢局　　府治局　　樂部局

以上並郡守汪綱創建及重修越爲督府盡嚴除戎之備而斷甲朽器頹垣敗壁馴習浸久漫不加省汪捐緡錢三萬打造器甲二千副闢東西甲仗庫于舊址建屋四十五間右楹甃甓易

舊觀視諸庫局尤為宏壯

場務

激賞庫酒樓在照水坊

都酒務酒樓在蓮花橋

並郡守汪綱建

館驛

通川亭

問津亭

並在府舍右南廢為酒肆久矣嘉定十六年郡守汪綱重修且增創他屋若廚湢之屬悉皆備具

以爲往來者館寓之所

嵊縣

訪戴驛在縣之　訪戴坊嘉定八年令史安之重建于東門之外

上虞縣

懷謝驛在縣之東邑有東山晉謝安嘗遊故云

坊巷

坊巷之名見於前志者僅二十餘嘉定十七年守汪綱始新其華表重揭扁榜凡九十六所又斜橋坊路乃台明往來之衝也每遇雨苦於泥濘綱復命伐石

甃砌二州往來者甚便之王狀元坊其廢已久故前
志止載詹莫二坊綱訪問得其舊址鼎新再建

第一廂

外竹園坊　裏竹園坊　晉昌坊　元貞坊

外鍾離坊　裏鍾離坊　靜林坊　甘露坊

外梧柏坊　裏梧柏坊　杏花坊　親仁坊

目連坊　季童坊　義井坊　新路坊

小新坊　都亭坊　法濟坊　孝義坊

禮禋坊

第二廂

棚樓坊　花行坊　日池坊　月池坊
照水坊　小德政坊　寶幢坊　廣陵坊
石灰坊　朴木坊　樂義坊　永福坊
押隊坊　諸善坊　上黨坊　義井坊
祥符坊　詹狀元坊　莫狀元坊

第三廂

西河坊　小驛坊　南市　富民坊
華嚴坊　鐵釘坊　蕙蘭坊　德惠坊
大市門坊　治平坊　甲子坊　開元坊
南觀仁坊　獅子坊　雲西坊　菩提坊

耀靈坊　植利坊　采家坊　柴場坊

京兆坊　天井坊　水溝坊　大新坊

河南坊　施水坊　船場坊　府橋坊

桐木坊　槿木坊　愛民坊

第四廂

賢良坊　火珠坊　少微坊　板橋坊

北市　瓦市　雙橋坊　水澄坊

新河坊　大路坊　石灰坊　錦鱗坊

武勳坊　晝錦坊　迎恩坊　草貌坊

筆飛坊　斜橋坊　戒珠坊　王狀元坊

第五廂

教德坊　卧龍坊　車水坊　顯應坊

秦望坊

禮遜坊即義里今爲竹園坊昔有紀伯與陳囂鄰修藩籬而侵其地囂不較又益與之伯慙亦退所侵因成通衢郡守多之爲目曰義里今長慶寺乃二人之宅華鎮詩云隣里相歡起美談通衢高柳碧鬖鬖至今風俗輕虞芮目擊岐周始自慙

會稽

廣平路在稽山門外東南一十里廣平程師孟元豐

初爲守華鎮覽古云民服其政日有餘裕放浪於山水間泛鏡湖款禹祠探藏書訪丹井攬宛委之秀挹若耶之勝往來必由稽山之蹊山中之民相率而治之芟繁夷險使肩輿安行飛蓋無阻師孟字公闢時爲夕郎路以公名

嵊縣

前志嵊縣一十坊今二十四坊

訪戴 秀異 字民 佐理 集賢 招提
繼錦 通安 繼孝 齊禮 遷善 桃源
兆慶 迎春 嘉會 仁德 弦歌 醴泉

清河　進德　[illegible]音　豐義　成俗　化民

繼錦坊按縣有繼錦鄉舊名治化天聖中邑人史綸登進士第其子叔軻繼之縣令魏琰改今名

蕭山

清風坊晉許詢所居故號曰許君里

招賢坊梁江淹所居故號曰江君里覺苑寺即淹之宅也

園圃

西園在卧龍山之西府治據卧龍形勝處龍之口府東門也龍之尾西園也景祐中唐詢作蔣堂曲水閣

詩序則以園創於堂今以齋唐王公池記考之自吳越時已爲游觀之地蓋後來廢不葺治至堂始復其舊觀爾非創於堂也守吳格嘗葺之未幾亭宇多壞嘉定十六年汪綱復增葺之又創憩棠一亭頗爲華麗云

府廨

唐元微之云州宅居山之陽凡所謂臺榭之勝皆因高爲之以極登覽嘗以詩誇於白樂天云州城縈繞拂雲堆照水稽山蒲目來四面無時對屏障一家終日在樓臺星河影向簷前落鼓角聲從地底回我是

玉皇香案吏謫居猶得小蓬萊詠其詩則當唐盛時州宅之勝可想而知矣乾寧中董昌叛即廳堂爲宫殿昭宗命錢鏐討平之以鏐爲節度鏐惡昌之僞跡乃撤而新之故元微之與李紳諸公所登臨吟賞之處一皆不存若蕭桂樓海榴亭杜鵑樓其跡已不復可考而名傳於世者蓋以諸公之詩也建炎以後又復頹毀而　本朝諸公登臨之處亦不可復考如逍遥堂井儀堂五雲亭披雲望雲二樓者殆不勝數凡州宅之堂舍亭館見于今者悉著錄之庶來者有所考云。

州宅後枕臥龍而面直秦望自錢鏐再建壞而復修不知其幾嘉定十五年守汪綱以謂其敝已極弗治則不可枝矣於是外自譙樓以至設廳旁由廊廡吏舍内自寢堂燕坐庖湢溫之所悉治新之鳩工于嘉定十五年春落成于十六年冬内外罔不一新按鏐重建在唐天祐元年甲子此按鏐重建軍府署記至嘉定十六年癸未實三百二十年其六再新若有數云

常衙廳在儀門之東舊頗迫窄守汪綱至是始闢其址而增廣之廊廡畢備上爲秦望閣不知作於何時趙抃嘗有詩則熙寧之前已有之矣自此至祿萼堂皆汪綱重修

清思堂在常衙廳之後不知作於何時張伯玉趙抃皆有詩今刻石于堂上

青隱軒在常衙廳之東政和間王仲嶷作

延桂閣在清思堂之側前有巖桂甚古守趙彦倓建王補之摘杜子美賞月延秋桂之句以名樓之下爲寢處燕坐之所便房挾室悉備蓋館士所寓之地也汪綱更新之且添創他屋及庖湢之所居者頗以爲便

招山閣在棣蕚堂之下不知作於何時舊名清悠閣守洪邁更今名

雲近在招山閣之右宅堂之廊廡也趙彥倓建蓋取杜子美雲近蓬萊常五色之句以名

棣蕚堂在雲近之下紹熙元年洪邁領郡以其兄丞相适乾道中嘗出守邁取綸告中語有矧伯氏棠陰之舊增一門棣蕚之華故名

燕春在清思堂後守汪綱創建張伯玉燕寢長居紫府春之句以名

雲根在州宅後守汪綱創建摘張伯玉州宅近雲根之句以名

四面屏障在州宅後守汪綱創建摘元微之四面無

時對屛障之句以名

步鼇在州宅之後守汪綱創建取沈紳雲隨步武鼇頭穩之句以名

拂雲在州宅後子城之下守汪綱創建摘元微之州城縈繞拂雲堆之句以名

晚對在州宅之後洪邁所建取杜甫翠屛宜晚對之句以名覆之以茅已頹毀不存守汪綱即舊址再建

無塵在州宅之上拂雲之左守汪綱創建摘張伯玉踈竹間花陰了無塵土侵之句以名

蓬萊閣在設廳後卧龍之下章楶作蓬萊閣詩

亭云不知誰氏創始按閣乃吴越錢鏐所建實偶不知爾淳熙元年其八世孫端禮重修乃特揭於梁間云定亂安國功臣鎮東鎮海兩軍節度使檢校太師待中兼中書令食邑一萬户實封六百户越王鏐建其名以蓬萊者蓋舊志云蓬萊山正偶會稽舊志今已不載時沈少卿紳和孔司封登蓬萊閣詩云二山對峙海中央自注於下云舊志蓬萊山正偶會稽元微之詩云謫居猶得小蓬萊錢公輔詩云後人慷慨慕前脩高閣雄名由此起故云自元祐戊辰章楶修之又八十七年錢端禮再修又四十八年汪綱復修綱自記歲月於柱云蓬萊閣登臨之勝甲於天下自昔以

來不知其凡幾壞幾修矣逾年其壞尤甚而修之於
嘉定十五年歲次壬午十一月己巳朔十五日己未
者郡守新安汪綱仲舉也
鎮越堂汪綱創建綱自記於柱云由蓬萊閣而下凡
三級始達廳事承平時皆有堂宇廢圮已久後來者
乃由中鑿蹬道以便往來而饗食軍延見吏民之所遂
爲通行之路非獨失帥府之觀瞻其於陰陽家之說
尤爲妨忌郡寖不如昔民亦多艱未必不由於此嘉
定辛巳予自憲移帥即有意稍復舊觀顧力未瞻弗
暇明年秋公帑稍有銖積於是補葺罅漏芟夷草萊

築一堂於上以鎮越名之蓋東南之鎮其山曰會稽而鎮東又越之軍額也名實其核地高而爽堂奧而明秦望諸山皆欣然領會有効奇獻秀之勢又創行廊四十間于兩翼聯屬蓬萊併與閣一新之山川朝拱氣象環合而斯堂之勝遂獨擅於越中矣工既畢功姑記歲月於此是歲九月辛未新安汪綱書堂之扁榜三大字 大丞相史魯公之筆也

月臺在鎮越堂之前汪綱創建舊嘗有望月臺壞已久其址亦不知在何所唯王十朋一詩尚傳云明珠遥吐卧龍頭漸覺清光萬里浮人望使君如望月更

瀵如鏡莫如鈎綱蓋寓舊名於此也

雲壑在卧龍之東汪綱創建前有喬松甚古綱自記於柱云嘉定壬午五月郡守新安汪綱作雲壑於卧龍之東峰蓋百花亭之舊址也黄太史詩云老松閱世卧雲壑回首滄江無萬牛而此堂之下蒼髯老幹雲霧深藏雪壓霜侵不改其操是宜其高卧閲世縱有萬牛焉能動哉

清曠軒在雲壑之側嘉定十五年汪綱自記於柱云章楶蓬萊閣詩序謂四時之景不同而所同者自然之清曠也此語當矣西園舊有亭名清曠亭

廢不存復寓此名於斯軒噫何獨此名爲寓而斯軒亦直寄焉耳

觀風堂紹興中曹泳所建王十朋詩云薄俗澆風有萬端欲將眼力見應難但令心境無塵垢端坐斯堂便可觀堂廢吳格再建汪綱又葺之

秋風亭在觀風之側其廢已久嘉定十五年汪綱即舊址再建綱自記於柱云秋風亭辛稼軒曾賦詞膾炙人口今廢矣予即舊基面東爲亭復創數椽於後以爲賓客往來館寓之地當必有高人勝士如宋玉張翰者來遊其間游目騁懷幸爲我留其毋遽起悲

吟思歸之興云

望海亭在卧龍之西不知始於何時元微之李紳嘗賦詩則自唐已有之矣昔范蠡作飛翼樓以壓強吴此亭即其址也祥符中高紳植五桂於亭之前易其名曰五桂歲久亭既廢桂亦不存嘉祐中刁約增廣舊址再建復名望海自作記以誌嘉定十五年汪綱重修

多稼亭在望海亭之下嘉定十年王補之修改今名嘉定十五年汪綱重修

越王臺按祥符圖經云在種山東北種山蓋卧龍之

舊名也今臺乃在卧龍之西舊有小茅亭名近民久已廢壞嘉定十五年汪綱即其遺址創造而移越王臺之名於此氣象開豁目極千里爲一郡登臨之勝且俾曾耆年篆三大字立石而刻之别爲亭以覆之亭在臺之左

清白堂在蓬萊閣之西卧龍山之足康定中范仲淹所作按仲淹堂記云獲廢井泉清而色白因命其堂曰清白庶幾居斯堂而無忝其名堂廢不存久矣嘉定十五年汪綱命訪其所云都廳即其處也乃别創都廳重加整葺而復范之舊扁

賢牧堂在清白之側舊以祠范文正公乾道四年中忠定公始以趙清獻公並祀乾道八年守方滋又增祀朱忠靖公勝非趙忠簡公鼎張文靖公守翟忠惠公汝文嘉定十四年守吴格又以史忠定合祀爲七人袁燮作記汪綱重修

貞武堂土地祠舊在蓬萊閣下室暗尤甚汪綱移建於卧龍山之西崇善王祠之前特爲顯敞

崇善王祠蓋卧龍山之神也在山之西錢鏐所建祠有石幢乃鏐刊梁貞明三年封神爲崇善王勅牒鏐自列其銜于後云啓聖匡運同德功臣天下兵馬

大元帥尚父守尚書令吳越王鏐立汪綱旣移真武土地堂於是併祠修之此二祠靈應特異

街衢

越爲會府衢道久不修治遇雨泥淖幾於沒膝往來病之守汪綱亟命計置工石所至繕砌浚治其湮塞整齊其嶔崎除閧陌之穢汙復河渠之便利道塗堤岸以至橋梁靡不加葺經畫有條役且無擾始于府橋至軒亭及南北兩市由府前至鎮東軍門賢良坊至府橋水澄坊至鯉魚橋沿河夾岸迤邐增築暨大小路迎恩門內外

至鳩橋一作扛牽匯坦夷如砥井里嘉歎實爲

悠久惠利以云

會稽續志卷第一

會稽續志卷第二

提刑司

提刑司在府治之東與蓬萊館相望嘉定十六年知府事兼提刑汪綱以其弊陋乃撤其壞甚者六七而鼎新之且增創吏舍架閣庫并錢酒什物文籍諸庫又新其公餘燕坐之所屬官議事之廳及亭館樓觀罔不畢新曰澄清堂（有淳熙中倪思所作堂記）曰棣華堂（淳熙初芮煇建以其兄煒乾道中嘗莅是職故云）曰和樂堂曰盡心堂（宣和元年蔡□佃建）曰清閟亭（疊石為巖洞而冠亭於上茂林叢竹交映左右頗為幽雅）曰稽山閣（其址即火珠山也有乾道中程大昌賦刻梓揭于梁間）又創敬簡堂於簽廳之左

提舉司

提舉司在蕙蘭坊其燕坐之所則有雲錦植荷花東窗澄齋爰洛堂風月堂虛豁爽塏可以觀眺下有方沼前疊石為山老木三四雜以花竹其趣頗佳廳事之右有小圃中有二亭曰共踈曰清逸

安撫題名

帥守姓名前志止於嘉泰初元李公大性今自嘉泰三年辛公弃疾以後備録于左

辛弃疾以朝請大夫集英殿修撰知嘉泰三年六月十一日到任當年十二月二十八日召赴行在

林采以太中大夫集英殿修撰知太平州除寶閣待制改知嘉泰四年四月初十日到任開禧元年五月十二日宫觀
周珌以中大夫充集英殿修撰知開禧元年七月五日到任二年四月二十一日除寶謨閣待制宫觀
趙師羿以太中大夫知開禧二年五月十三日到任當年六月十一日除寶謨閣學士知廬州
錢象祖以降授中大夫知開禧二年八月二十二日到任九月六日復通議大夫開禧三年二

月四日召赴 行在
章燮以朝請大夫直華文閣知開禧三年二月二
十八日到任十月十三日以應辦 成肅皇
后山陵有勞特轉朝議大夫十一月四日召
赴 行在
李珏以朝散大夫直寶謨閣知開禧三年十一月
二十五日到任嘉定元年七月二十九日除
侍右郎官
黃由以寶謨閣學士正議大夫知嘉定元年九月
二十一日到任三年四月十六日除刑部尚

書兼直學士院

留恭以朝奉大夫直寶謨閣知嘉定三年六月二
十二日到任至嘉定五年四月十七日宫觀

趙彦倓以朝散大夫兩浙東路提點刑獄公事除
直寶謨閣知嘉定五年八月十六日到任七年
七月二十一日除直徽猷閣再任當年十月
十三日磨勘轉朝請大夫八年八月二十
九日除太府少卿

葉箋以朝請大夫兩浙東路提點刑獄公事除直
祕閣知嘉定九年二月十一日到任當年十

一月六日罷

吳格以朝散郎直祕閣知嘉定九年十二月六日
到任次年二月十三日丁母憂

王補之以中奉大夫知婺州復祕閣修撰知嘉定
十年三月六日到任十二年三月二十二日
除右文修撰提舉建康府崇禧觀

沈皞嘉定十二年三月二十四日以朝議大夫祕
閣修撰浙東提刑被 旨兼權至當年八月
十二日除太府卿

吳格以朝散郎直祕閣知嘉定十二年九月二十

六日到任次年十月磨勘轉朝請郎十四年
十月五日除直煥章閣樞密副都承旨
汪綱以朝奉大夫直祕閣兩浙東路提點刑獄公
事除煥章閣知嘉定十四年十二月十七日到
任次年四月轉朝散大夫十一月轉朝請
大夫十七年正月除太府少卿二月兼權
司農卿四月除直龍圖閣知十月　覃恩轉
朝議大夫寶慶元年四月應辦　寧宗皇帝
梓宮有勞除右文殿修撰當年七月以職事
修舉奉　聖旨除集英殿修撰特令再任三

年十一月除寶謨閣待制依舊知紹定元年
三月磨勘轉中奉大夫七月以收糴椿管米
及數轉中大夫十二月初三日召赴 行在

汪統紹定元年十二月二十九日以朝散郎直寶
章閣浙東提刑兼權三年三月磨勘轉朝請
郎五月以糴椿積米特轉朝奉大夫四年四
月該遇 皇太后慶壽恩轉朝散大夫五月
二十一日與宮觀

葉棠紹定四年五月二十一日以朝議大夫直寶
謨閣浙東提舉暫兼七月十六日除提刑

舊兼權十月十三日交割與程徽猷

程覃以中大夫直徽猷閣知紹定四年十月十三日到任六年九月因應辦　恭聖仁烈皇太后梓宮事務有勞除秘閣修撰十二月十三日除司農卿

葉棠以中大夫直寶謨閣浙東提刑於紹定六年十一月七日除金部郎官未上當月十五日除徽猷閣知端平元年十一月十六日依舊職差知太平州

黄壯猷端平元年十一月以朝請大夫金部郎官

除直祕閣知十二月十二日到任三年十一
月十五日除尚右郎官
李鳴復嘉熙元年二月以端明殿學士朝奉大夫
簽書樞密院事兼參知政事除資政殿學士
知十七日到任當年六月二十三日召赴 行
在八月十六日除參知政事
潘剛中嘉熙元年十月十九日以朝議大夫浙東
提刑暫權十二月磨勘轉中奉大夫二年閏
四月十三日交割與趙大資
趙善湘以資政殿大學士銀青光祿大夫沿海制

置使兼知慶元府於嘉熙二年三月依舊職
知閏四月十三日到任三年六月二日依舊
職提舉臨安府洞霄宮

余天錫嘉熙三年六月除資政殿學士知七月十
六日到任四年四月初三日召赴　行在

蔡範嘉熙四年四月以朝請大夫新除司農卿除
直徽猷閣知六月二十一日到任淳祐元年
五月磨勘轉朝議大夫九月除直龍圖閣依
舊知二年二月十六日召赴　行在奉事六
月九日除司農卿

史岩之淳祐二年三月以龍圖閣學士通奉大夫知十月初十日到任三年三月磨勘轉正議大夫四年七月十三日除端明殿學士依舊知十七日改知福州

童顧淳祐四年七月二十一日以朝散大夫直華文閣浙東提舉暫權十月十六日交割與史閣學

史宅之淳祐四年七月以華文閣學士通奉大夫知十月十九日到任十二月磨勘轉正議大夫五年十一月以職事修舉除敷文閣學士

依舊知六年三月十六日除工部尚書
趙性夫淳祐六年四月五日以朝奉大夫直祕閣
浙東提刑兼權十月除直華文閣令再任依
舊兼權七年五月六日除直徽猷閣知八年
正月除大理少卿未上三月除直寶文閣依
舊知七月兼提舉十月三日令赴　行在奏
事九日除宗正少卿
趙希㒒淳祐八年十二月以中奉大夫新除司農
少卿兼檢詳除直華文閣知九年正月十一
日到任當月兼權提舉六月三日罷

洪疑淳祐九年六月九日以朝散郎浙東提刑劉
兼權七月十七日被 旨時暫兼權十一月
交割與吴大資
吴潛淳祐九年八月以資政殿學士太中大夫知
十一月八日到任十二月八日除同知樞密
院事兼參知政事
洪疑淳祐九年十二月十八日再以朝請郎直祕
閣浙東提刑劉兼權十年三月十三日被
旨兼權八月十二日除刑部郎官二十一日
除直寶謨閣知嘉興州郡差遣

馬天驥淳祐十年八月二十七日以朝請大夫直祕閣浙東提舉被　旨兼權十月五日除宗正少卿十四日除祕閣修撰知仍兼提舉十一年十月十一日除權兵部侍郎十七日除知慶元府

棲治淳祐十一年十月以中奉大夫集英殿修撰知閏十月初八日到任十一月十一日暫兼提舉十二年正月十三日暫兼提刑四月磨勘中大夫八月依舊職提舉江州太平興國宮

程沐淳祐十二年八月十二日以朝奉大夫浙東提舉時暫兼權寶祐元年三月二十四日交割與集撰陳侍郎

陳顯伯淳祐十二年八月以太中大夫集英殿修撰新知婺州改知寶祐元年三月二十四日到任二年正月十二日除權兵部侍郎

厲文翁寶祐元年十月以承議郎集英殿修撰知二年正月二十九日到任四月以前知臨安府職事有勞特轉朝奉郎十月二十六日依舊職改知慶元府

史字之寶祐二年十月以煥章閣學士太中大夫知十二月十四日到任四年正月以職事修舉特除徽猷閣學士仍知十月八日召赴行在十一月一日除工部尚書

顧嵓寶祐四年十月二十五日以承議郎浙東提刑時暫兼權五年八月初四日交割與謝㷆撰

謝奕修以中奉大夫太府卿除祕閣修撰知寶祐五年八月四日到任六年七月四日除右文殿修撰賜紫章服依舊任開慶元年八月

一日除集英殿修撰依所乞提舉隆興府玉隆萬壽宫仍賜金帶許令服繫三十一日交割與厲待制

厲文翁開慶元年六月以朝奉大夫徽猷閣待制知八月二十一日到任十月二十九日除寶文閣待制知臨安府十一月交割與何敷文

何夢祥以朝奉大夫試司農卿兼知臨安府除直敷文閣與厲待制兩易開慶元年十一月初八日到任景定元年二月六日除直徽猷閣主管建寧府武夷山冲佑觀

蔣隆禮景定元年二月以朝奉大夫除直寶文閣
知十六日到任四月二十六日交割以次官
離任
鄭雄飛景定元年五月初五日以朝散大夫直寶
章閣浙東提舉被　旨持暫兼權七月十七
日交割與謝集撰
謝堂景定元年五月以朝奉大夫集英殿修撰知
七月十七日到任十月除寶章閣待　制提
舉佑神觀仍奉朝請特賜金帶許令服繫
林光世景定元年十月二十八日以朝奉大夫浙

東提舉被　旨時暫兼權十二月初十日交
割與祕閣李户部
李鏞以朝散郎知温州除左曹郎官未供職間除
直祕閣知景定元年十二月初十日到任二
年七月二十六日以職事修舉陞直寶謨閣
依舊任十二月初九日被　旨時暫兼權提舉
三年五月初九日除將作監十一日陞直焕
章閣依舊知十一月初八日陞直寶文閣令
再任十二月二十日除直龍圖閣兩浙轉運
副使

楊瑱景定三年十二月以朝議大夫右文殿修撰新知寧國府除集英殿修撰知四年二月二十七日到任十月十九日令赴　行在奏事

朱應元景定四年十月二十五日以朝請郎直徽猷閣浙東提舉被　旨時暫兼權五年正月初五日除直顯謨閣浙東提刑兼提舉仍暫權二月二十六日除監察御史兼崇政殿說書

提刑題名

提點刑獄置使始於淳化三年兩浙皆隸所部熙寧九年分兩浙爲東西路明年復合建炎四年用熙寧法復分爲二自置使以來中間嘗兼用武臣建炎間省去乾道中復置淳熙末又省自紹聖以上其姓名皆不可考元符以後始有壁記故得以著録

白具元符三年正月初四日以朝散郎到任

王祖道元符三年七月二十日以朝散大夫到任

胡師文崇寧元年二月初四日以朝散大夫到任

程遵彦崇寧元年■月■日以朝請大夫到任

蔡肇崇寧元年七月二十四日以朝奉郎到任

虞謩崇寧元年十二月十六日以承議郎到任

周彦質崇寧二年三月初五日以朝請郎到任十

二月二十五日移淮南轉運副使

強浚明崇寧三年三月初五日以朝奉郎到任四

年九月初六日罷

祖理崇寧三年六月二十九日以朝散郎到任四

年二月十四日罷

黄克俊崇寧四年四月二十九日以朝散郎到任

五年十二月二十四日移知光州

馬玿崇寧五年正月十九日以朝請大夫到任大
觀元年正月初八日罷
董正封大觀元年二月初九日以中散大夫到任
當年閏十月初四日除發運副使
錢景逢大觀元年十二月二十日以朝奉大夫到
任當年閏十一月十五日移江東提刑
盛章大觀二年三月以奉議郎到任當年十
月初八日除兵部員外郎
畢漸大觀二年十一月以朝散郎到任大
觀三年四月罷

朱維大觀三年三月十四日以中大夫到任政和元年七月二十五日移知興仁府

蔡安持大觀四年十五月以朝請大夫直秘閣到任政和元年六月召赴　闕

李景夏政和元年四月以朝散到任當年五月罷

虞謩政和七月十八日到任以朝奉大夫到任政和三年正月二十六日罷任

周邦式政和二年六月以朝請大夫到任政和三年四月十七日移江東提刑

羅選 政和三年四月以朝散郎到任當年十二月

除少府少監

盧天驥 政和六年六月十九日以朝散到任

政和八年閏九月初九日除左司員外郎

周格 政和八年閏九月十四日以朝請大夫到任

當年十月十八日罷任

蔡佃 政和八年十一月十七日以朝請郎直秘

閣到任宣和元年八月十三日罷

鄭南 宣和二年二月二十五日以朝散郎到

任當年七月二十二日罷任

張苑宣和二年七月二十三日以中奉大夫直
祕閣到任宣和三年二月二十三日罷任
楊應誠宣和三年二月初八日以武功大夫成州
團練使到任宣和五年五月二十日移河北
河東宣撫司管勾機宜文字
章綡宣和三年三月二十六日以朝散大夫到任
宣和四年六月十三日就除知越州
高士曈宣和三年七月初二日以武顯大夫兼閤
門宣贊舍人到任當年九月初九日依舊
淮南提刑

王仲閎宣和四年六月二十九日以朝請郎直秘
閣到任宣和五年五月二十日除本路轉運
副使
胡邃宣和五年六月二十四日以中奉大夫到任
宣和七年五月除北部郎中
柳宗傑宣和七年以朝奉郎到任
季質靖康二年以朝奉郎直龍圖閣到任
王翿建炎三年以朝奉郎到任
韓膚胄建炎四年三月以朝散郎到任七月致仕
施坰建炎四年八月以朝請大夫到任紹興二年

正月分過浙西

孫近紹興二年正月以左朝議大夫充祕閣修
撰到任三年轉左中奉大夫三年三月除祕
書少監

張宗臣紹興三年四月以左朝奉大夫到任十
月罷

周綱紹興三年十月以左奉議郎到任四年四
月召赴　行在

明橐紹興四年四月以左奉議郎到任六年正
月致仕

劉一止紹興六年二月以左承議郎直顯謨閣
到任八年二月蒲罷
謝祖信紹興八年三月以左承事郎直秘閣
到任九年正月召赴　行在
范同紹興九年正月以左朝請郎直寶文閣
到任八月召赴　行在
李維紹興九年九月以右朝奉郎直秘閣到
任十年四月與福建提刑宋孝先兩易
宋孝先紹興十年四月以左中奉大夫直秘閣
到任十月通理蒲罷

呂用中紹興十年十二月以右宣教郎到任十二年十二月改知泉州

范振紹興十三年正月以左朝請大夫到任九月罷

吴序賓紹興十三年十月以右朝奉大夫到任十四年四月與知泉州呂用中兩易

呂用中紹興十四年八月以右奉議郎直祕閣到任十五年五月宫祠

朱敦儒紹興十五年六月以左朝奉郎到任十六年十二月罷

林師説紹興十七年六月以右朝請大夫到任十

二月罷

秦昌時紹興十七年十二月以左朝散郎提舉

權十九年除直祕閣正除及再任至二十

四年十二月致仕

曾幾紹興二十五年十二月以左朝請大夫

到任二十六年三月改知台州

宋棐紹興二十六年三月以左朝請大夫到任

二十七年三月改知揚州

邵大受紹興二十七年四月以左朝請大夫提

舉權十一月正除二十八年十月改浙西提刑

徐度紹興二十九年六月以左朝請郎到任三

十年七月除樞密院檢詳

樊光遠紹興三十一年三月二十六日以左朝奉

郎到任三十二年九月除吏部員外郎十

月續奉

聖旨樊光遠以疾請祠可依舊浙東提刑

十月十日還任隆興元年六月成資替

王葆隆興元年六月十三日以左朝請大夫到

任乾道元年二月二十一日宮祠

任文薦乾道元年四月十三日以左朝請郎到任
乾道二年三月二十八日召赴　行在
張津乾道二年五月二十七日以右朝請郎到任乾
道三年五月除直祕閣知明州
柳大節乾道三年六月以右朝奉大夫到任當
年八月罷
芮燁乾道四年十一月以左朝散郎到任乾道五
年八月除國子司業
程大昌乾道五年九月以左朝奉郎直龍圖閣
到任乾道七年六月除江東運副

乾道六年六月二十三日奉

聖旨諸路各置武臣提刑一員

張方乾道六年十月以武功大夫兼閤門宣贊舍
人到任乾道七年八月致仕

范成象乾道七年八月以左朝散郎到任乾道九
年改除福建提刑

張掄乾道七年十月以均州防禦使到任乾道九
年正月除利州觀察使知池州

鄭與裔乾道九年六月以武功大夫江州觀察使
到任淳熙元年四月除浙西提刑

趙彥端乾道九年九月以左朝奉大夫直寶文閣
到任淳熙元年三月宮祠
韓俁淳熙元年八月以武節大夫高州刺史到任
淳熙三年二月宮祠
胡仰淳熙元年十一月以朝散大夫直祕閣到任淳
熙二年三月罷任
吳交如淳熙二年四月以朝散大夫直祕閣到任
十月召除大理少卿
芮煇淳熙二年十二月以朝散大夫到任淳熙四
年十月以職事修舉除直顯謨閣當月召

除祕書少監

傅自得淳熙五年七月以朝散郎直祕閣到任當年八月罷

趙益淳淳熙五年十月以武德大夫文州刺史到任淳熙七年十一月再任淳熙八年八月召除知閤門事

鞏湘淳熙五年十二月以朝散大夫直敷文閣到任淳熙七年十二月改知廣州

姚宗之淳熙七年十二月以承議郎到任淳熙八年八月除江西提刑

傅淇淳熙八年九月以朝請大夫到任淳熙九年
九月改浙西提刑
張詔淳熙八年十一月以武經大夫到任淳熙十
年五月改江東提刑
丘崈淳熙十年七月以朝奉大夫直祕閣到任淳
熙十一年十二月初二日改知平江府
趙公碩淳熙十二年二月初五日以朝議大夫直
龍圖閣到任淳熙十三年六月宫祠
延璽淳熙十三年七月二十五日以武功大夫高
州刺史到任淳熙十三年五月二十三日除

知閣門事

趙不違淳熙十五年六月十六日以武經大夫到任淳熙十六年正月罷

周頡淳熙十六年正月二十八日以朝議大夫直顯謨閣到任紹熙元年二月二十一日除福建運使

蔡戡紹熙元年四月十一日以朝散大夫直寶文閣到任當年七月二十八日除中書門下省檢正諸房公事

林提紹熙元年八月二十六日以朝請郎到任紹

熙二年七月十八日磨勘轉朝奉大夫當日
改江西轉運判官
虞儔紹熙二年八月初七日以朝奉大夫到任二
年二月初二日得　旨與郡
陳倚紹熙三年三月六日以朝散大夫直徽猷閣
到任四年二月十七日除大理卿
陳杞紹熙四年三月二十八日以奉直大夫到任
慶元元年正月十一日除侍右郎官
謝源明慶元年二月二十五日以朝請大夫直煥
章閣到任當年十一月二十一日召赴

行在

李大性慶元元年十二月十九日以朝散大夫到
任慶元三年三月　日召赴　行在

張伯垓以朝請大夫監察御史除慶元三年三月
二十八日到任當年十一月二十一日除直華
文閣知紹興府

張孝曾以朝請大夫新湖南運判除慶元四年
正月初五日到任當年四月二十七日除福
建運使

俞豐以朝請大夫浙西提舉除慶元四年五月

十七日到任次年四月二十九日除直祕閣
當年十月十七日除中書門下省檢正諸房
公事
李洪以朝奉大夫浙東提舉除慶元六年閏二月
二十八日到任當年五月二十九日罷
周璣以朝議大夫湖北提刑除慶元六年十月二
十四日到任嘉泰元年正月十三日以應辦
有勞除直敷文閣當月十九日宮祠
煥以中奉大夫大常少卿除直顯謨閣除嘉泰
元年六月初六日到任嘉泰二年四月二十

六日召赴　行在

時佐以中大夫直華文閣淮南運判除嘉泰二年

十二月三十日到任

施康年以朝請大夫福建提刑除嘉泰四年三月

三日到任當年十月二十七日除司農卿

權安節以朝散大夫司農卿除充祕閣修撰除嘉

泰四年十一月十七日到任當年十二月十

六日改差知鄂州

趙時逢開禧元年正月初十日以朝散郎直祕閣

到任次年正月十七日召赴

八日奉
聖旨除左曹郎官
傅伯成開禧二年四月十四日以朝議大夫到任
當年十一月初六日除直龍圖閣知慶元府
李珏以朝奉大夫江東提刑除開禧三年四月十
五日到任當年十月内應辦有勞特轉一官
當年十一月十九日除直寶謨閣知紹興府
孫昭先以朝散大夫吏部郎中除開禧三年十二
月二十九日到任嘉定二年二月十七日召
赴　行在除尚左郎官

譙令憲以朝奉大夫直顯謨閣知婺州除嘉定二
年八月四日到任四年九月初四日除直寶
文閣江東運副

趙彥倓以朝散大夫考功郎中除嘉定四年十二
月十五日到任次年四月十六日除直祕閣
當年八月初一日除寶謨閣知紹興府

王遲以朝奉大夫浙東提舉除嘉定五年八月十
六日到任次年三月二十八日除知贛州

程覃以朝散大夫浙東提舉兼權慶元府除嘉
定六年十月二十三日交割職事仍舊兼權

知慶元府嘉定八年五月二十五日除侍右
郎官
葉篯嘉定八年六月二十一日以朝請大夫賜紫
金魚袋到任嘉定九年正月一日除直祕閣
知紹興府
沈暐以朝議大夫祕閣修撰知平江府除嘉定十
年七月初十日到任十二年八月十二日除
太府卿
汪綱以朝請郎直祕閣新知婺州除嘉定十二年
十二月十三日到任十四年十月兼權紹興

府十二月除直煥章閣知紹興府兼權十七
年四月除直龍圖閣知紹興府兼權寶慶元
年四月除右文殿修撰再任仍兼二年七月
除集英殿修撰再任仍兼二年九月乞差正
官旨依
康溧以太常少卿除寶慶二年十月初五日到任
汪統以侍右郎官除紹定元年十二月二十八日
到任四年五月二十一日宮觀
葉棠紹定四年五月二十一日以浙東提舉暫兼
七月十六日正除提刑八月七日到任六年

十一月四日除金部郎官十三日除直徽猷
閣知紹興府浙東安撫使

李大謙以尚右郎中除端平元年正月初八日到
任

牛大年以侍左郎官除端平元年三月十一日到
任當年八月二十四日除直敷文閣主管建
康府崇禧觀

曹豳以浙西提舉除端平三年二月二十九日到
任十一月十八日召赴　行在除工部郎官
又除國子司業未行又除左司諫

潘剛中以太府寺丞除嘉熙元年三月三日到任
二年閏四月二十三日召赴　行在除侍右
郎官
項容孫以侍右郎官除嘉熙二年五月二十二日
到任三年二月七日除尚左郎官
章謙亨以知衢州兼嘉熙三年六月十一日交割
十二月十三日除直祕閣浙東提刑兼知衢
州嘉熙四年十一月宫觀
馬光祖淳祐元年二月十九日以浙東提舉兼權
九月十一日除直寶謨閣浙西提刑

徐鹿卿淳祐元年七月五日以江東運判知太平州除九月十日除直祕閣依舊提刑仍暫兼提舉於十月二十日到任

吕午以新知泉州除淳祐二年十一月初四日到任三年四月二十七日除監察御史

陳晉接以祕書省著作郎兼宗學博士兼權侍左郎官於淳祐三年六月初五日除仍時暫兼權婺州十九日交割本司職事淳祐四年二月免兼婺州回司三月二十七日除將作少監

趙性夫以右曹郎官除淳祐四年九月一日到任
六年十月十八日除直華文閣再任淳祐七
年五月六日除直徽猷閣知紹興府浙東安
撫
楊伯嵒以吏部郎官除淳祐七年五月十六日到
任八年正月一日除樞密院檢詳諸房文字
高斯得以知嚴州除淳祐八年七月二十八日到
任九月二十一日除江西運判
洪薿以江西提舉除淳祐八年十一月十六日到
任九年十一月九日除直祕閣依舊十年

月十二日除刑部郎官二十一日除直寶謨
閣知紹興府浙東安撫
蔡抗以江東提刑除淳祐十一年三月二十二日
到任七月二十三日依舊直寶謨閣浙東提
刑兼知婺州次年正月一日除國子司業兼
資善堂贊讀
袁立儒以福建提舉除淳祐十二年十二月二十
二日到任
尤焴以度支郎官除寶祐元年十月初七日到任
饒虎臣以前福建運副改湖北運副兼知鄂

州未赴除於寶祐二年十月十七日到任四年
正月一日除太府卿
汪應元以主管建康府崇禧觀依舊職除寶祐
四年三月二十一日到任
顧喦以大宗正丞兼刑部郎官除於寶祐四年
九月五日到任除直秘閣職任仍舊十一月十
七日除左曹郎官
何夢祥以軍器監兼崇政殿說書除於寶祐五年
十一月二十八日到任開慶元年九月二十
日除直華文閣湖南提刑二十六日除司農

卿兼知臨安府浙西安撫

陳仁玉開慶元年十一月初四日以秘書郎兼禮部郎官兼崇政殿說書除直秘閣浙東提刑兼知衢州十一月初十日到任景定元年五月二十九日特陞直華文閣依舊八月十一日陞直敷文閣依舊九月初二日回司二十九日離任

魏克愚以金部郎官除景定二年正月二十八日到任五月一日除直秘閣依舊仍兼知婺州兩具辭免二十二日除直寶章閣兩浙運判

孫子秀景定二年五月二十三日以浙西提刑陞
直華文閣除仍兼知婺州當年七月十一日
到任景定三年正月十九日依所乞免兼婺
州回司二月初二日離任

曹孝慶以前湖南運判陞直寶章閣除景定三年
四月二十二日到任九月初六日除右正言
兼侍講

李芾端平憲大諫之子以知吉州除仍兼權知溫
州於景定三年十二月十二日交割職事四
年十一月二十六日赴　行在奏事五年十二

月初四日除浙西提刑

朱應元以浙東提舉進直顯謨閣除景定五年十二月八日交割二十六日除監察御史

會稽續志卷二　廿

提舉題名

提舉常平倉事創於熙寧二年崇寧中又置提舉茶塩事紹興中合常平茶塩爲一司初置治于蘇大觀中又徙杭宣和以後遂定治于越自熙寧以來或併或省治所移徙亦不一以故姓名不復可考斷自宣和六年孫莊以下備録如右

孫莊宣和六年四月十八日以朝請郎到任宣和七年二月十六日得替

王賜宣和七年四月初四日以通直郎到任當年七月初八日罷

鄭松年宣和七年七月初八日以通直郎到任
建炎二年八月初三日得替
張儁建炎二年八月初三日以通直郎到
任當年九月初十日致仕
李遷建炎二年十一月初二日以朝請大夫到
任建炎三年九月二十三日致仕
蔡向建炎四年二月初七日以承議郎到任
紹興二年二月初十日得替
王然紹興二年二月初十日以右朝奉大夫到
任紹興三年三月初六日罷

韓協紹興三年三月二十七日以右奉議郎到任紹興五年四月初七日得替

韓臨亨紹興五年四月二十七日以左朝奉大夫到任當年閏二月十三日奉　聖旨常平併入茶塩司仍以提舉茶塩常平等公事爲名紹興七年四月二十九日替

胡說修紹興七年四月二十八日以右朝請大夫到任紹興九年正月初五日致仕

張宇紹興九年三月十七日以左朝請郎到任當年九月十三日奉　勑常平司職事

依舊令提刑司兼管紹興十年七月初九
日除司勲郎官
王鈇紹興十年十月初六日以右朝請郎到任
紹興十二年十月二十一日得替
虞沇紹興十二年十月二十一日以右朝奉郎到
任紹興十三年九月二十六日罷
韋壽成紹興十三年十二月二十一日以右朝奉
大夫到任紹興十五年正月二十九日改除
浙西提舉茶塩
高世定紹興十五年三月十九日以右朝請大夫

直顯謨閣到任當年八月十一日改除浙西
提舉茶鹽
鄭僑年紹興十五年八月二十七日以右朝奉大
夫直秘閣到任當年八月二十六日奉
聖旨改充提舉常平茶鹽公事紹興十
七年七月十二日除江東運使
秦昌時紹興十七年八月初一日以左承議郎到
任紹興十九年　月　日在任改除浙東
提刑
游掞紹興二十年十月初二日以右朝奉郎到任

紹興二十二年六月初三日致仕

高百之紹興二十二年六月二十九日以右通直郎直祕閣到任紹興二十四年十二月十八日改除溫州

黃允紹興二十五年正月初二日以右朝請大夫到任權當年六月二十一日正除當年十一月二十五日罷

趙公稱紹興二十六年四月初七日以左承議郎到任紹興二十七年二月　日除江西運判

邵大受紹興二十七年三月二十三日以左朝散
大夫到任當年十一月十六日除浙東提刑
鄒潔紹興二十八年四月二十九日以左朝奉大
夫到任紹興三十年二月初一日改除户部
郎官總領錢糧
張庭實紹興三十一年五月初七日以左朝散大夫
到任紹興三十二年十二月二十三日得替
喻樗紹興三十二年十二月二十四日以左朝奉
大夫到任乾道元年二月二十五日得替
高敏信乾道元年二月二十六日以左朝散大夫

到任乾道元年八月十二日罷
宋藻乾道元年八月二十一日以左朝散郎到任
乾道三年四月五日主管台州崇道觀
徐蕆乾道三年八月二十六日以左朝散郎到任
乾道五年六月初三日知秀州
蘇嶠乾道五年十月初五日以右朝奉郎到任乾
道七年六月初八日召除吏部郎官
唐閱乾道七年六月二十一日以右朝散郎到任
當年七月二十四日改除户部郎官淮西總
領

鄭良嗣乾道七年八月初九日以右承議郎到任
乾道九年九月十八日除福建提刑
劉孝韙乾道九年十月十一日以右朝奉大夫直
祕閣到任淳熙元年八月内除直徽猷閣常
月二十六日赴召
折知常淳熙元年九月初二日以宣教郎到任淳
熙二年三月十五日罷
陳舉善淳熙二年四月十九日以承議郎直龍圖
閣到任淳熙三年七月十七日除浙西提刑
何偁淳熙三年八月二十七日以朝散郎到任淳

熈四年八月十五日改福建提舉
姚宗之淳熈四年八月十七日以承議郎到任淳
熈六年二月二十五日除浙東提刑
李宗質淳熈六年三月初八日以承議郎到任當
年十一月初四日罷
趙轀淳熈六年十一月十四日以承議郎到任淳
熈八年十二月初五日得替召赴　行在
朱熹淳熈八年十二月初六日以宣教郎直祕閣
到任淳熈九年九月十二日除直徽猷閣除
江西提刑

余禹成淳熙九年九月二十三日以承議郎到任
淳熙十年十月二十三日罷
勾昌泰淳熙十年閏十一月初八日以奉議郎到
任淳熙十二年十月二十二日除浙西提刑
岳甫淳熙十二年十一月十一日以承議郎到任
淳熙十三年十二月十四日知明州
田渭淳熙十四年二月十七日以奉議郎到任次
年六月内除直祕閣十六年正月内除考功
郎官
袁說友淳熙十六年正月十八日以朝請大夫到

任當年七月十三日改除浙西提刑
鄭湜淳熙十六年八月十七日以承議郎到任紹
熙二年十二月十二日知建寧府
李沐紹熙二年四月十七日以朝奉郎到任當年
九月十六日改江東提舉
黃唐紹熙二年十一月初一日以朝請郎到任紹
熙三年十月　日奉　聖旨與郡
陳杞紹熙三年十二月二日以奉直大夫到任紹
熙四年三月二十八日除本路提刑
衛涇紹熙四年五月十九日以朝散郎到任是

月二十七日丁母憂

李謙紹熙四年七月十五日以承議郎到任紹熙

五年八月四日赴召

李大性紹熙五年十月二十三日以朝散郎到任

慶元元年十二月十九日除本路提刑

莫漳慶元二年五月七日以朝議大夫直祕閣到

任當年八月二十四日罷

劉誠之慶元二年十一月四日以朝奉大夫到任

慶元四年五月二十七日除直祕閣知平江

府

趙公豫慶元四年七月十一日以承奉大夫到任

慶元五年五月二十日召赴　行在

李洪慶元五年七月初三日以朝奉大夫到任慶

元六年閏二月二十八日除本路提刑

葉籈慶元六年八月二十八日以朝奉郎直祕閣

到任嘉泰元年正月内除直煥章閣當年

十月内改除江東提舉

張經嘉泰元年十二月初二日以朝請大夫到任

嘉泰三年八月内改除湖北提刑

李浹嘉泰三年十月初八日以朝散大夫到任嘉

泰四年二月二十日磨勘轉朝請大夫當年六月二十六日召赴行在

章燮嘉泰四年七月十九日以朝散大夫到任開禧元年八月十三日磨勘轉朝請大夫二年三月除直寶謨閣再任三年十二月進職一年差知紹興府

魯玕開禧三年四月十九日以朝奉大夫到任當年十二月初六日轉朝散大夫嘉定二年正月内被召

孟植嘉定二年四月初五日以朝請大夫到任嘉

定三年四月二十日罷

王遇嘉定三年七月二十四日以朝散郎到任嘉定四年閏二月初六日改除太宗正丞

王渥嘉定四年閏二月初十日以朝請郎到任當年十一月初六日磨勘轉朝奉大夫嘉定五年八月一日除本路提刑

程覃嘉定六年正月十四日以朝奉大夫到任當年七月初四日磨勘轉朝散大夫當年十月十一日除本路提刑兼權知慶元府

韓元禮嘉定六年十月二十九日以通直郎到任

當年十二月十二日因進　玉牒轉奉議郎
嘉定八年八月二十八日除刑部郎官未赴
闕間當年十月初九日以塩課增羡轉承議
郎當日除直祕閣知慶元府

李琪嘉定八年十二月初五日以承議郎到任嘉
定九年五月二十三日兼權本路提刑嘉定
十年正月十一日除禮部郎官

趙伉夫嘉定十年正月二十四日以朝散郎到任
當日兼本路提刑次年三月初一日磨勘轉
朝請郎當年十月二十六日除福建運判

喻珪，以朝散郎知台州，除。嘉定十一年十一月十六日到任。當月三十日磨勘，轉朝請郎。次年二月初九日，因任台州日催督補獲强寇有勞，轉朝奉大夫。八月十三日兼權本路安撫提刑。嘉定十三年九月十三日除知大宗正丞。

章良朋，嘉定十三年十一月初七日以承議郎到任。以磨勘轉朝奉郎。嘉定十四年九月二十八日兼權知慶元府，因該遇進寶赦，特轉朝散郎。以調度兵將捕獲海寇，轉朝請郎。七

五年十二月十四日除尚左郎官

齊碩嘉定十六年十月十七日以通直郎到任在任轉奉議郎十七年七月被　旨兼權慶元府當年　覃恩轉承議郎寶慶元年十一月除金部郎官

金鑄寶慶二年以朝請郎正月十一日到任寶慶三年四月差知汀州

李壽朋寶慶三年以朝請大夫直寶章閣十月十九日到任紹定元年十一月除左曹郎官十二月除直寶謨閣知平江府

余鑄紹定元年以朝奉大夫十二月十二日到任當
月二十七日除右曹郎官兼右司郎官
葉棠紹定二年正月以朝請大夫到任十二月暫
權台州四年二月除直寶謨閣依舊回司暫
權浙東提刑紹興府浙東安撫七月依舊職
除浙東提刑暫權提舉紹興府浙東安撫
黄壯猷紹定六年以朝奉大夫九月二十六日到
任十一月暫權提刑端平元年七月除金部
郎中
曾天麟端平元年以朝散大夫八月初一日到任二

年十二月除都官郎官
陳振孫端平三年二月初六日以朝散大夫知台州兼權八月正除十月二十八日到任嘉熙元年五月改知嘉興府
衛洙嘉熙元年以朝請郎六月十七日到任二年十月十七日除右曹郎官
范鎔嘉熙三年十以朝奉大夫四月二十六日到任日年十一月除侍左郎官
馬光祖嘉熙四年以朝請大夫直祕閣十二月二十六日到任淳祐元年二月兼權提刑九月

進直寶謨閣除浙西提刑
袁立儒淳祐二年以朝奉大夫直祕閣五月初三日到任三年二月除侍右郎官
董顒淳祐三年以朝散大夫直寶謨閣五月初一日到任四年六月除將作監七月除直華文閣依舊浙東提舉五年七月滿替
章端子淳祐五年以朝奉郎七月二十四日到任六年八月兼權温州十月離任
趙與杰淳祐六年以朝請郎軍器監除十一月二十一日到任八年正月除司農少卿二月除

直寶謨閣依舊浙東提舉暫兼提刑六月除
太府卿
嚴粲淳祐九年以朝請郎八月二十一日到任十
年正月除倉部郎官
馬天驥淳祐十年以朝請大夫直祕閣二月十八
日到任十月除宗正少卿又除祕閣修撰知
紹興府仍兼提舉
謝奕修淳祐十一年以朝議大夫直華文閣閏十
月初七日到任十一月初四日丁父憂
程沐淳祐十一年以朝請郎二月十二日到任八

月十二日暫權紹興府寶祐元年四月離任

趙隆孫寶祐元年以朝請大夫六月十三日到任

寶祐二年五月除直祕閣知泉州兼提舉

福建市舶

吳革寶祐二年以朝奉郎八月十三日到任三年

八月除尚右郎官兼權左司

季鏞寶祐三年以朝奉郎十一月初六日到任寶

祐五年二月召赴行在奏事

趙瑍夫寶祐五年以朝議大夫四月十五日到任

寶祐六年十二月赴都堂稟議

趙希槐寶祐六年以朝奉郎樞密院編修官兼權右曹郎官權浙東提舉十二月初七日到任開慶元年二月正除九月除右司

史介之開慶元年以朝議大夫九月二十八日到任十一月十九日離任

鄭雄飛景定元年以朝散大夫直寶章閣除[redacted]暫兼權紹興府浙東安撫司職事五月初八日到任當年八月召赴　行在奏事九月除尚左郎官兼　太子侍讀

林光世景定元年以朝奉大夫將作監除十月十

八日到任十一月時暫兼權紹興府浙東安撫二年五月除直祕閣依舊十月　勑特賜同進士出身十一月除司農少卿

錢可則景定三年以承議郎直徽猷閣六月十五日到任十一月除左曹郎官四年正月除軍器監兼左曹郎官

朱應元景定四年以朝請郎直徽猷閣四月十三日到任十月時暫兼權紹興府浙東安撫五年正月直顯謨閣除浙東提刑兼提舉時暫兼權紹興府浙東安撫二月除監察御史兼

崇政殿説書

李獻可景定五年以奉議郎兼權提刑五月初一日到任

會稽續志卷第三

安撫司簽廳 屬官廨舍附

安撫司簽廳在府治儀門之西嘉定十六年汪綱重建而移門於儀門之外參議機宜撫幹舊無廨舍皆僦居於市嘉定十六年汪綱以武憲舊衙析而改創𦔮列有序參議滕璘作題名記紀之甚詳

通判廳

通判北廳在府治之東嘉定十七年夏通判府事沈繹召爲大理正繹去郡守汪綱亟措錢二百萬重葺

之於是庭宇梢整潔便坐之前多植木犀嘉泰辛酉施宿因名之曰桂堂有小圃頗幽雅一池清潔可愛嘉定甲戌袁申儒臨池作亭名曰渌秀池傍環植以梅袁於梅林中作亭摘曾子固憶越中梅詩冷香幽豔向誰開之句名曰冷香又一亭亦袁作名曰逍遥遊曾子固倅越劉貢父以詩送之云君爲逍遥遊亭名本諸此袁又作一室曰卧龍齋以其簷俯卧龍之麓也齋傍地形稍高爽宜於觀眺湖山之勝盡在目前嘉定癸未沈繹作亭命之曰會稽圖畫有井極清冽泉脉來自卧龍齋唐文集有越州通判廳事後新

鑿方井詩云臥龍山脚寒巖底沮洳泥涂不記年疏引一朝逢智匠坐令咫尺變璇淵待時藏用懷靈德濟物施功假世賢留作越人詞詠事召棠陰下酌貪泉惜開井之倅姓名不傳

通判南廳倅史文卿創世綵堂其父定之時爲江東倉使有記載其事後史安之爲代葺治加備有水竹橋亭之勝

通判東廳乃貟外置久廢不差廨宇舊寓武憲廳嘉定十七年以監六部門顏耆仲爲添差通判郡始葺路鈐廳爲之先是有路鈐一貟專一修奉　攢宫十

六年臺察李伯堅乞罷去路鈐降　旨差通判一員專一主管至是始除者仲云

簽廳

簽廳敝甚外限僅以竹籬見者陋之嘉定十七年守汪綱重修及創倅幕位次重建兩廊大門於是稍稱大府之體

鄉

餘姚

雙鴈鄉在餘姚縣東南一里孔曄記云虞國餘姚人爲日南太守有惠政行部有雙鴈隨軒翔舞秩滿還

家鴈亦隨歸遂生息成羣國死猶依其墓不去

上虞

游謝鄉俗傳謝康樂舊游

鎮

山陰

錢清鎮在縣西北五十里行人至此多有待潮過堰之阻故陳淵有詩云江潮來去自有時扁舟閣淺心如飛岸容霜竹青照眼春信梅花香撲衣天寒鄞江道路阻歲晏錢清風俗非故園回首三千里落日看盡行雲歸

蕭山

西興鎮前志云西陵城在蕭山縣西十二里吳越武肅王以西陵非吉語遂改曰西興今按越絕書浙江南路西城者范蠡敦兵城也其陵固可守故謂之固陵詳此即今之西陵也越絕書所云圖經前志俱不曾引及惜哉呂祖謙有西興道中二絕云鳬鵞迎船自有情隨波故起緑鱗鱗野花照水開無主誰信春歸已兩旬桑麻張王不知春帝　恐鶯花太斷魂東岍紅霞西岸緑却將影色爲平分

漁浦鎮在縣西三十里梁丘希範宋謝靈運唐孟浩

然皆稱爲漁浦潭對岸則爲杭之龍山故潘閬詩云

漁浦風水急龍山煙火微

市

會稽

平水市在縣東二十五里元稹序白氏長慶集云予甞於平水市中見村校諸童競習歌詩召而問之皆對曰先生教我樂天微之詩固亦不知予之爲微之也其自注云平水鏡湖傍草市名

蕭山

臨浦市在縣南三十里唐施肩吾詩有旅次臨浦市

者即此地也

上虞

五夫市在縣北三十五里有唐會昌三年余球五大夫市新橋記刻於市中一石塔之下前志碑刻門云石不存蓋未嘗見此刻也

和買

太宗時馬元方爲三司判官建言方春民之絶時預給官錢貸之至夏秋令輸絹於官故曰和買然在昔止是一時權宜措置至於一歲之間或行於一郡邑而已祥符中王旭知潁州因歲飢出庫錢貸民約蠶

孰人輸一縑其後李士衡行之陝西民以為便至熙
寧新法之行乃施之天下示為准則是時會稽民繁
而貧所貸最多此據王明清揮麈録後來錢既乏支所買之額
不除遂以等户資產物力而科配焉然會稽為額獨
重於他處故至今以為病建炎三年九月二十四日
御筆朕累下寬恤之詔而迫於經費未能悉如所懷
今聞東南和預買絹其弊尤甚可下江浙減四分之
一以寬民力紹興遂獲減免如　詔旨紹興三年九
月十七日守臣朱勝非又有請　詔蠲免十分之一
紹興八年二月二十八日以此郡和買太重又減一

萬匹其累減如此其數尚一十四萬六千九百三十八匹故淳熙中提點刑獄張詔乞用畝頭均科奏狀云浙東七州歲發和買二十八萬匹紹興一府獨當一路之半詔不知此是累減之數向來何止當一路之半耶淳熙八年閏三月一日指揮除豁　德壽宮延祥莊秦寧寺并　兩攢宫及諸縣耕牛僨年所科二千六百五十三匹三尺三寸淳熙十六年八月二十三日又持減四萬四千三百八十四匹三丈六尺七寸遂以一十萬匹為額（内本色七萬九千三百八十一匹三尺九寸折帛二萬六百二千八匹三丈六尺一寸）

陵寢

王明清揮麈録紹興初　昭慈聖獻皇后升遐曾紆以江東漕兼攝二浙應辦用元符末京西漕陳向故事也　朝論欲建山陵紆議以謂　帝后陵寢今存伊洛不日復中原即歸祔矣宜以　欑宫爲名僉以爲當遂用之後　顯仁皇后祔　永祐陵遂易欑爲欑然　欑宫之名實始於紆之請也

寧宗皇帝永茂陵其地乃泰寧寺之舊址也嘉定十七年冬命吏部侍郎楊爗爲按行使爗歸奏云云獨泰寧寺之山山岡偉特五峯在前直以上皇青山之

雄翼以紫金白鹿之秀層巒朝拱氣象尊崇有端門旌旗簇仗之勢加以左右環抱顧視有情吉氣豐盈林木榮盛以此知　先帝弓劒之藏蓋在於此尋令太史局卜格一起一伏至壬而後融結宜於此矣

詔遷寺而以其基定卜

宮觀

在城

天慶觀在府之東南本唐之紫極宫也大中祥符中令州郡各建天慶觀郡即以此宫應詔至今屋宇塑像造多當時舊物嘉定十五年守臣汪綱以

聖祖殿蓋瓦損漏木植亦多朽蠹乃重行整葺踰半
載畢工簾帷供器易而新之以稱　朝家崇奉之意
又以錢二十萬命道士姜思正壽建觀之兩節於是
祠庭之制益加整肅

會稽縣

告成觀在縣東南七里政和中即禹廟爲之故自三
清殿及三門兩廊皆政和以後所創獨禹廟爲舊物
梅梁至今猶在則其古可知矣嘉定十五年郡守汪
綱視事來謁覩其朽損即命整葺既加蓋瓦又復甃
砌於是殿宇内外丹堊彩飾燦然一新有古珪璧珮

環藏于廟初紹興二十七年祠山前一夕忽光燄閃爍人即其處斸之得焉乾道五年官命置籍圖其形使道士謹守之得者歲月久已不詳獨王十朋會稽風俗賦云黄帝之鑑神禹之璧注云紹興丁丑祠前光見人得之今所存環璧及海濱深識者以爲皆非其眞云

千秋鴻禧觀初賀知章入道以其所居宅爲觀始曰千秋尋改天長乾道四年郡守丞相史忠定公奏移天長觀額建於縣東南五里嘉定十三年賜名千秋鴻禧仍爲祠官典領之地前有宜白鑑湖一曲又一

亭曰懷賀皆史丞相建新額頒俾守汪綱以觀福小無以揭虔即更新之為屋六十楹間又增建真武殿先賢列仙祠并賀祕監祠爽炁堂綱有刻字留柱間云杜少陵為賀公作遺興詩有爽氣不可致之語且其古今絶倡千秋建堂以此名之又築一園于觀之前曰賜榮園門柱間綱題其上云一敕賜鑑湖水為君臺沼榮此太白憶賀監詩也千秋觀園成取詩中賜榮字以扁云園有亭曰幽襟曰浴沂興曰醒心曰迎棹皆綱所建又築長堤十里夾道皆種垂楊芙蓉有橋曰春波跨截湖面春和秋半花光林影左右映帶風景尤勝真越中清絶處也

龍瑞宮前志云在縣東南二十五里道家以為黃帝

時嘗建候神館於此至唐神龍二年置懷仙館開元二年因龍見改今額按宫有石刻龍瑞宫山界至記不知何人所記乃賀知章書若曰自黄帝建候神館宋尚書孔靈産入道奏改懷仙館神龍元年再置開元二年敕葉天師醮龍現改龍瑞宫是則懷仙館自宋已有之唐不過再置爾此前志失於詳考也有龍現壇祈禱極感應嘉定十四年浙東提刑汪綱以旱來禱設醮于宫忽有物蜿蜒于壇上體狀殊異不類凡虵人皆知神龍所變化也繼而雨如傾注葉適有詩云感格孰如汪仲舉步虚未了龍來語會稽李望

都洗清越人喚作提刑兩蓋記是也汪既領郡事遂重建龍祠頗爲嚴飾又請於　朝賜龍神廟額爲嘉應廟云

寺院

圓通妙智教院在府東南有觀音大士素著靈異乾道九年自浙東旱甚錢公端禮來守以秋後四日開府亟迎請龕其精禱應答如響注雨彌日歲遂中熟錢顧院宇庳陋圮壞弗稱崇敬以狀詮諸朝　詔賜度牒十五道俾易其舊大士妙相乃錢武肅應夢來自永嘉大士應夢據王作重修院記云

報恩光孝禪寺在府南龜山一名飛來山寺初名寶林唐以光宅中舍利見改曰光宅乾符元年再建又改為應天元豐元年復曰寶林崇寧三年改崇寧萬壽禪寺尋又改崇寧為天寧有塔高二十三丈隋寺額以應天名錢端禮應天塔記云晉末有沙門曇彥與檀越許詢元度同造塔於山之椒彥有神異天降相輪故有應天之號前志拾遺門云應天塔今報恩寺浮圖也吳越春秋范蠡謂句踐曰王之築城其應天矣蓋取此錢參政端禮撰報恩寺塔記云天降相輪故有應天之號恐別有說按范蠡此語自謂築

城於釋氏事何預烏得謂塔名取於此後來取寺名欲表降相輪之異故云應天塔應天二字偶同范蠡之語爾非取諸此也或謂應天名塔特取其高天降相輪理涉妄誕殆未然也紹興初以濮安懿王園廟寓焉郡守汪綱以錢十萬令寺僧重加葺修於是庭宇益整肅焉

戒珠寺在府東北舊志紀載頗疎略如寺初名昌安大中六年改戒珠皆不登載按唐咸通三年衢州刺史趙璘直書戒珠寺云浙東觀察治其東北有山曰蕺在晉爲王逸少别止尚留故池與祠堂又云陳太建初有天竺徒辨博神異及死葬山上其形數見後

夢語其門人曰必爲臥像屋之以壓我則不見爲之果如言而所構華壯敞潔甲於郛内所謂昌安寺者後值會昌廢毀大中初復許郡府量立寺字而越州得其五昌安在詔中六年六月又別以戒珠爲名。

會稽縣

泰寧禪寺在縣東南四十里舊號證慈紹興初詔十昭慈聖獻皇后櫕宫以證慈視陵寺遂改賜今名自後　永祐諸陵修奉皆在焉嘉定十七年以其地充永茂陵櫕宫十月乃移寺於顏家山增創神位殿法堂方丈廊廡爲屋二百五十餘間深邃顯敞比舊不

伴矣

淨勝院前志云在縣南二十里唐中和三年齊肇以其祖丞相抗書堂建號水雲塔院治平二年改賜今額按齊唐集有量咠聖壽寺詩唐自注云初遠祖相國以所居石傘書堂建詩云建中天子寄彌綸築隱商巖舊業存麟筆有文藏冊府（先祖蕃四修國史）駟車流慶屬銜門金繩寶構新空界劔樹眞遊接元原藐矣諸孫愧前躅脫身仍謝北山猿是院中間嘗爲聖壽寺矣前志不書蓋失於詳考也

山陰縣

本覺寺在縣西北十五里梅山有適南亭熙寧中郡守程師孟所創適南蓋取莊周大鵬圖南之義云陸佃爲之記嘉定十五年郡守汪綱以其爲梅子真故居因重加整葺於是庭宇復還舊觀

天衣寺在縣西南三十里寺有唐人徐季海元微之白樂天李公垂諸作者詩文碑刻有化身普賢及飛來銅像化身普賢即晋僧曇翼棲此誦法華經感普賢應現詳見李邕所撰寺碑飛來銅像即酒南維衛無量壽佛像云是阿育王第四女以姿貌寢陋冀其端嚴捨金銅冶鑄斯像四十九軀首飾火焰足飾蓮

華布四天下爲衆生植福之本此山得其一靈異之跡見於王之道記云

嵊縣

龍藏寺在縣北四十五里舊號龍宮院有巨井深浚水色紺寒疑有蛟龍居焉又有老松如龍數百年物也唐李紳少嘗經游賦詩其序云此寺摧毀積歲正元十八年予爲布衣來游有僧曰脩眞自言居龍宮寺謂予言異日必當鎮此爲修此寺時以爲狂易之言不之應至元和三年予以前進士爲故薛苹常侍招至越中此僧已卧疾使門人相告曩日所言必當

鎮此修寺之託幸勿見忘僧言寺有靈秖相告爾予問疾已不能對及後符其言而詢其存没則僧及門人悉殂謝召僧會具以俸錢爲葺之累月而畢以成其徃願也寺成紳復爲作文刻石以記故僧擇璘有詩云弔古有心懷短李拂塵無力看豐碑

餘姚

普濟寺在縣東北之十里前志云周顯德六年建號靈瑞塔院大中祥符元年改賜今額按寺有一銅牌其上鐫刻云建隆二年建此塔并屋舍因曰靈瑞塔院稱越爲東都蓋是時尚屬吴越也兼有德韶國師

名字韶善地里術故建立時預焉與前志所載歲月不同必前志誤也寺山即陳山有嚴子陵墓舊祠堂在廊廡間嘉定十七年郡守汪綱徙建於法堂之左仍創閣三間榜曰清風以致景慕之意

上虞

法界院在縣北一十五里圖經及前志云唐咸通三年建後唐同光二年吳越給利濟院額大中祥符改今額按寺乃因利濟廟神而建寺有古斷碑云寶歷元年掘石移基大和三年起門樓院宇等又唐人廟記云院與廟名咸為利濟會昌五年天下廟庭例行

停廢惟此廟宇獨興留存後佛教重興一切仍舊詳見利濟廟條下詳記所言是則咸通之前已爲寺久矣烏得言咸通二年方建利濟之名唐已稱之又安得云吳越給額況自寶歷元年乙巳至咸通二年辛巳相去已三十六年其誤已不待言

定善院在縣東南里餘俗呼爲南塔初無勅額紹興中李莊簡公光在政府以其先隴在縣之永豐鄉大雲塢有守墳精舍因申明乞額賜名定善後其家以定善之額移置此院院不知創自何時齊唐詩有題上虞南塔院云鴈級指高異登瞻地域靈路尋滄[illegible]

幽山帶沃州青則南塔之名其亦久矣

新昌

寶相寺本縣西南五里齊僧護嘗隱於此護始到夜聞鍾磬僊樂之音又時現佛像煒煒可駭繇是啓願鑿百尺彌勒像像成端嚴偉特名聞中外其取異者像自石中鑿出今佛身之後石壁之上有自然圓暈如大車輪正當佛首而四方闊狹一同無毫釐差佛身高廣則咸平僧端辨嘗記之云按劉勰舊記齊永明四年有浮屠氏厥號僧護嘗茲矢誓期三生恭造彌勒之像梁天監十二年二月始經營開鑿之洎畢

龕高一十一丈廣七丈深五丈佛身通高一十丈座
廣五丈有六尺其面自髮際至頤長一丈八尺廣■
如之目長六尺三寸眉長七尺五寸耳長一丈二尺
鼻長五尺三寸口廣六尺二寸從髮際至頂高一丈
三尺指掌通長一丈二尺五寸廣六尺五寸足亦如
之兩膝加趺相去四丈五尺壯麗殊特四八之相罔
弗畢具諒嘉陵并郡石像外至於斯天下鮮可
比擬者

祖印院在縣西南二十里初開元時僧神楷造維摩
大疏一十二卷映水就巖摶泥自像楷高僧也嘗夢

潘陽西明首座明皇欽宗之遺址有庵上石瀑布寫下數百尺驚雷濺雪動人耳目巖下清泉一滴烈日凍雨皆無盈縮味清甘甲於衆水紹興十一年張浚嘗爲院記云嵊縣之南二十里有南巖相傳是海門大禹時決水東注積砂成巖三山坡陀環繞其東斷如玉玦東晉永和歲中高僧釋曇始小築於此五代時錢氏以院分屬新昌唐朝賜額名咸通　本朝治平初賜今額自天姥嶺驛路斗折入小徑松杉排立如人物可數夾徑有兩浮圖前有乳香巖雜花叢竹陸離可觀巖腹有仙骨巨棺其嶮不可攀捋方臘寇

入山從絶頂垂綆下窺棺中之藏唯見所蛻骨甚大與今人異其色微紅如餘霞也後山之巔有古鈎車云是任公子以五十巨犗鈎於會稽時所作

祠廟

府郭

城隍顯寧廟在卧龍山之西南神州牧龐玉也自唐初立祠於此廟有梁開平武辰歲吴越錢王重修墻隍神廟記墻隍即城隍也武辰即戊辰也避朱梁諱故以墻代城武代戊嘉定十七年郡守汪綱重修舊雖以一僧掌香火而實無棲止之所綱於祠之西剏

創佛室齋堂賓舍廚湢無不備具俾常居以供香火

鮑郎廟前志云鮑郎廟在府南二里二百四步不言鮑郎爲何時人及立廟之因按輿地志鮑郎名蓋後漢鄮邑人爲縣吏縣嘗俾捧牒入京留家酣飲踰月不行縣方詰責已而得報章果上達審究實然既死葬三十年忽夢謂妻曰吾當更生盍開吾冢妻疑不信再夢如初乃發棺其尸儼然如生第無氣息耳冥器完潔若日用者冢之四傍燈然不滅膏亦不銷郡人聚觀咸神怪之立祠以祀自梁大通以來靈應益著廟初曰永泰王廟崇寧二年豐稷奏永泰犯

哲宗陵名乞改爲靈應詔如其請自後累封至忠嘉威烈惠濟廣靈王神鄮人而廟亦見於越者蓋唐開元以前未創爲明州時鄮縣隸越故越亦有廟

會稽縣

昭順靈孝夫人廟在縣東七十二里曹娥鎮蓋漢上虞孝女曹娥也娥葬於祠之後祠在江之南江之北即隸上虞墓地及祠舊屬上虞不知何時撥隸會稽也政和中加封其告中尚云越州上虞縣靈孝夫人則政和以後方隸會稽神靈異昭章往來析潮濟江信若影響唐舊曰貞孝今廟中有石刻尚存可考天聖以後但

呼曰曹娥廟蓋避

仁宗廟諱也大觀四年八月封靈孝夫人告詞權中書舍人宇文粹中行政和五年十一月以高麗遣使入貢經從適值小汛嚴祭借潮即獲感應麗人有請加封靈孝昭順夫人告詞云勑越州上虞縣靈孝夫人爾以女子能達孝節蹈水求父視死如歸精貫金石人稱至今麗人來享有禱祠下義能體國響應甚明王人有言肆加封號仍葺廟宇用嘉忠勤嗟爾有靈稱茲休顯可特封靈孝昭順夫人中書舍人毛友行淳熙中皇子魏王判明州經過亦值小汛祈禱借潮感應廟歷歲久頹弊後有亭曰雙檜一日為大風折木屋亦隨毀嘉定十七年郡守汪綱重修及再建雙檜亭并娥父曹府君祠堂及

朱娥祠堂廟前臨大江汪復以錢五百萬命工疊石爲隄凡七十丈以爲風濤之障

嘉應廟即龍瑞宮龍神之祠十七年七月汪綱有請于 朝賜廟額爲嘉應蓋以禱雨有應云

嵊縣

嶀浦顯應廟在縣北四十五里慶元元年賜額神姓陳名鄘神名據王十朋嶀山賦云睦州青溪縣人嘗爲台州永安縣令永安即今台之仙居始過此目山水之勝絕陰有卜居之意秩滿再經從忽舟覆遂溺死自爾靈顯民遂祠之稱爲陳長官廟晉天福初有神兵之助遂封爲上善

濟物侯。嘉泰三年樓公鑰修廟記云：酈道元之註水經，出於後魏，已言嶀山北有嶀浦，浦口有廟，廟甚靈驗，行人及樵伐者皆先敬焉，若相盜竊，必爲蛇虎所傷，則廟已古矣。幽冥之事不可究知，傳記亦有謂靈祠間有以剛方之士代之者。建炎虜騎入越，而叛兵欲犯邑境，以神之威，不戰而退。乾道嘗賜香茗之奠。丞相謝公深甫布衣時，由丹丘赴南宮，神已告之富貴之期，是舉登科，作尉此邑，事之尤謹。既登樞筦，賜廟額曰昭顯應，公之力也。

阮僊翁廟在縣南十里，阮肇故宅也。王十朋有詩云

再入山中去煙霞鎖翠微故鄉遺宅在何日更來歸

餘姚

嚴先生祠在縣東北之十里陳山孫應時客星橋記云自漢建武以來千餘年嚴先生之高風激越宇宙天下尊之無異辭先生吾餘姚人也晚耕於富春山富春析而爲桐廬釣臺屬焉自文正范公建祠而記之釣臺之名大顯崖石草木得以衣被風采發舒精神傳繪於天下其邦人尤以爲榮而吾邑之地靈人傑世反不傳非闕歟土俗所記吾邑少東江瀨粼粼上下常有聲是爲子陵灘蓋其初之釣游處也東北

十里有奇峰曰陳山拔立千仞秀表一方而叢石隆起在山之陰據峻陘俯長川以望東海是爲嚴先生墓蓋嘗家是山而歸葬也旁又有山曰嚴公山有古叢祠曰先生廟其應史如此豈誣也哉乾道中故太師史公鎭越始告縣表墓道起精舍曰客星菴而爲之田長吏以時奉嘗

上虞縣

遺德廟有二一在五夫鎭一在法界院前志云利濟侯廟在縣北二十五里今廢蓋失之於稽考不知利濟侯廟即今遺德廟也按慶曆甲申有李晏如得唐人

所撰利濟廟記重刻于石兵火其刻不存里人尚以紙本轉相傳授其記云神周氏諱鵬舉字垂天會稽人東晉時登第初宰上虞守鴈門俄而心思退讓志務幽閑念昔上虞北曽遊漁浦湖遂乗白駒泛舟全家没於水自是數示靈響民遂立祠奉之號曰僊宮廟詳見白馬湖條下初廟於湖堧神頗威厲民甚畏憚血食日盛明州天童僧德曇聞之以慈力化導俾歸正覺自是祭奠唯用蔬茹且願以廟庭為僧廬鄉人孔澤趙瑗謂地勢洼狹非立伽藍之所咸請禱願遷于他所忽大風四起朱綬及香爐皆隨風而去二人視其

爐綫所止處聞之於官官爲奏陳得旨令建置梵宇祠堂以院與廟名咸爲利濟政和元年以兩浙轉運司奏越州上虞縣白馬湖上廟利濟侯祈求感應乞優賜爵號九月十七日奉敕賜廟額曰遺德宣和七年八月封威惠侯其敕詞云浙部使者言上虞遺德廟當睦寇猖狂引兵壓境至若素旗出于廟中賊衆駭愕謂官軍已至因遂退走赫然明靈實相天討保完一方朕甚嘉之其增禮命賜爵爲侯以大震顯神之威德俾民報祀世世其無怠宜特封威惠侯淳熙元年五月封靈佑威惠侯法界祠中尚藏吳越錢王所賜紫袍犀帶及鐵鞭之屬睦寇犯境有素旗之異者乃五夫祠也

通澤廣利侯廟前志云在縣南五十里即方石聖官吴越封通澤將軍熈寧八年封廣利侯云吴越封通澤將軍失於稽考也按天聖六年齊唐作重修豐利將軍廟記云神曰方石聖官乾德元年雲漢遘癘縣令盧釋躬禱于廟豐注如響一境霑足繇是露板得請錫今號曰豐澤將軍云吴越所封誤矣豐澤前志云通澤蓋訛豐爲通也

會稽續志卷第三

會稽續志卷第四

山

府郭

卧龍山前志云吴越備史云遜王倧於卧龍山置園亭爲歌詩亭榭問紀録皆满卧龍山名始見於此前志未詳按元積州宅詩序云州之子城因種山之勢盤遶迴抱若卧龍形故取以爲名是山名卧龍蓋始於元稹錢鏐重修牆隍廟記有公署據卧龍高阜之語則昔人稱之屢矣非始見於錢倧也刁約云府據卧龍山爲形勝處周回數里盤屈於江湖之上狀卧

龍也龍之腹府宅也龍之口府東門也龍之尾西園也龍之脊望海亭也味約之言山之形勢大略可睹矣地產茶張伯玉云卧龍山茶冠於吳越歲以充貢每貢則易稱爲瑞龍茶云

山陰

古博嶺在縣西四十里俗訛爲虎博往多虎豹棲止故姚寬詩云北風獵獵駕寒雲低壓平川路欲昏人馬忽驚俱辟易一聲乳虎下前村

諸暨

五泄山在縣西南四十里有兩山夾谿造雲壁立雙

瀑奔瀉沿歷五級始下注溪壑故曰五泄飛沫如雪溟濛數里淙激之聲雄於雷霆震撼巖谷過者駭焉刁約云俗謂之小鴈蕩下有龍湫歲旱禱雨輙應寶元中僧咸潤來游嘗作五泄山十題其序云平川孤越惟峰顛巒轉入轉幽駭悅心目方之鴈蕩諒無慙焉所謂十題者謂五泄西際夾巖龍井石鼓石門石屛俱胝巖禱雨潭桐星巖俱胝巖者昔有僧持誦俱胝呪於此因得名

蕭山

城山在縣西九里闔閭侵越包踐保城山山冢有泉

多嘉魚吴王意其乏水以鹽米來餽越取雙鯉報之吴兵夜遁華鎮詩云兵家制勝舊多門贈答雍容亦解紛緩報一雙文錦鯉坐歸十萬水犀軍

餘姚

羅壁山在縣南十八里晉郗愔卜居之地昔洛客來過徘徊觀覽謂山川形勢具體金谷華鎮詩云山列翠屏圍碧落溪流鳴玉繞平田郗家池館雖蕪没金谷形容宛自然

姜山在縣西北五十里山有五峯吴越智覺禪師延壽有詩頗爲人稱道讀之五峯之勝可以槩見其金

雞峰云松蘿高鎮夏長寒透出群峰畫恐難造化功
成彰五德洞云雲散露花冠蛾眉峰云盤空勢險露
巖根深洞聲異落石泉好是雨餘江上見水雲僧出
認西天積翠峰云翠屋群峰地形真落日猿聲在空
碧天風吹散斷崖雲云松長露三秋色已凌雲峰云煙
蘿高巘勢凌雲影瀉斜陽出海門曾與支公探隱去
夜寒雷雨上方聞白馬峰云湖外層峰瀉危瀑天際
陰陰長寒木南北行人望莫窮秋雲一片横幽谷山
中有一小池廣不及丈俗呼爲姜女池姜女不知何
時人山之得名亦以女也池之傍即浮丹凝教忠寺其

水雖大旱不竭積雨不盈寺之飲濯皆取給焉池中草堂蕪没寺僧稍芟治即泉竭禱訖復之始如故此頗爲異

上虞

東山在縣西南四十五里王銍游東山記云會稽郡東百里曰曹娥江又曰東小江其南則晉太傅文靖謝公安石東山也巋然出衆峰間拱揖蔽虧如鸞飛鳳舞山林深蔚望不可見逮[illegible]山下於千嶂掩抱間得微徑循石路而上今爲國慶禪院即文靖故居也絶頂有謝公調馬路白雲明月二堂遺址至此山川

始軒豁呈露萬峰林　下視煙海渺然天水相接蓋萬里雲景也文靖樂居其在茲乎山半有薔薇洞相傳文靖攜妓遊戲之地雖蔓草荒寒然古色不改宛有六朝氣象

新昌

南明山在縣南五里舊名石城又名隱岳僧端辯云山實天台之西門也吳越錢武肅王改曰南明據錢惟演重修寶相寺碑有隱岳巖爽溪塔仙髻峰等處如白雲莊白鵬塢白蓮菴已見前志古梅一株生於石罅中齊相井及書堂即唐齊顗隱居之地鋸解峰斷石中裂衣章得象云狀如鋸截祠

傳以爲昔造佛者試鋸于此石後覩舊傳天台智顗大師死有二獸來號吼作竹天叩地之狀遂巡化爲石嘉祐中僧顯忠詩云庭除雨後覩一仰復一俯告天與叩地似欲訴憂苦世傳智顗死二獸來瞻覩遂巡化爲石埋没在深土事怪固難詰但見形可取風雨駮蒼苔萬古萬萬古顯忠所詠凡十五題見掇英

水

會稽

鏡湖輿地記稱曰南湖昔人又稱曰長湖大湖前志已詳獨賀鑄引謝承會稽先賢傳謂湖本名慶湖上

圖志所逸今備録之鑄慶湖遺老集序云賀本慶氏后稷之裔太伯始居吴至王僚遇公子光之禍王子慶忌挺身奔衛妻子迸度浙水隱會稽上越人哀之予湖澤之田俾擅其利表其族曰慶氏名其田曰慶湖今爲鏡湖傳訛也漢安帝時避帝本生諱改賀氏水亦號賀家湖家牒載謝承會稽先賢傳叙略如此

山陰

南池在縣東南二十六里華鎮會稽覽古云公踐兵敗棲會稽范蠡即山穿池畜魚鼈三年水陸之味不乏故詩有君王旦暮方嘗膽猶築池塘長紫鱗之句

嵊縣

剡溪在縣南一百五十步王銍云剡溪古謂之了溪圖志謂禹治水至此畢矣前志云了流在會稽縣東北十五里源出了山合縣南溪流入于剡溪數其地非是

餘姚

菁江在縣西一十五里明越舟楫往還經涉之所也唐權德輿送上虞丞詩云越郡佳山水菁江接上虞

漁浦湖前志云在縣西北六十里一名白馬湖舊經引夏侯曾先志云驛亭埭南有漁浦湖深處可二丈漢周舉乘白馬游而不出時人以為地仙白馬湖之

名由此今按唐利濟廟記云晉周鵬舉初宰上虞後牧鴈門自後心思退讓志恣幽閑俄辭建隼之榮遂厭剖魚之貴念昔會稽東上虞北曾游魚浦每資賞眺之情頗愜嬉遊之趣舟泛清漳車乗白駒全家忽隱於靈源閭境但驚於神化俄而潛通肸蠁過布威靈升為水府之僊超統陰司之職又云漁浦湖後改為白馬湖詳此則是湖以周鵬舉乗白馬没水遂得名恐夏侯曾先得於傳聞而未詳故誤以周鵬舉為周舉也

上虞

飲牛溪在上虞縣南五十里白道猷岩下石有繫牛足跡溪以此名

新昌

放馬澗在縣東三十二里沃洲山西南支道林放馬之所華鎮詩云春草茸茸澗水清路人猶記昔時名金羈縱後霜蹄逸想見風前蹀躞聲

山陰蕭山運河

運河自蕭山縣西興六十里至錢清堰渡堰迤邐至府城凡一百五里自西興至錢清一帶為潮泥淤塞深僅二三尺舟楫往來不勝紫浼般剥之勞嘉定十

四年郡守汪綱申聞　朝廷乞行開浚除本府自備工役錢米外蒙　朝廷支撥米三千石度牒七道計錢五千六百貫添助支遣通計一萬三千貫於是河流通濟舟楫無阻人皆便之

橋梁

府城内

府橋在鎮東軍門外蓬萊館前舊以塼甃不能堅久守汪綱乃命更造盡易以石闌干華表加飾雘焉橋既寬廣翕然成市遂為雄觀距府前百許步曰蓮華橋修亦如之其他以次繕完如拜王橋舊傳吳越武肅王平董昌

郡人拜謁于此橋故以為名　西雙橋水澄橋大善橋縣橋清道橋鵝鴨橋木瓜橋章家橋里木橋皆圮毀之甚者殆不止十餘所今亦奐然改於其舊云

會稽

春波橋在縣東南五里千秋鴻禧觀前賀知章詩云離別家鄉歲月多近來人事半消磨唯有門前鑑湖水春風不改舊時波故取此名橋

山陰

柯橋在縣西二十里舊曰柯亭今有橋遂曰柯橋唐胡曾詩云一宿柯亭月滿天笛亡人沒事空傳中郎

在世無甄別，爭得名垂爾許年。蔡邕笛事見前志

蕭山

錢清方家橋距縣四十五里，在小江之西，歲久斷圮。守汪綱重修。寧宗御舟經從，撤而復葺。

餘姚

客星橋在縣東北一十五里陳山，舊有橋，工役未至，屢成屢壞。淳熙十年，僧清式始募衆作甃石，如虹，高袤百五十尺，翼以石欄，極為巨壯，涉六年乃成。里人以其在嚴子陵墓側，因命曰客星橋，孫應時為之記。

上虞

五夫新橋在縣北三十五里舊經云有唐會昌元

余球五大夫市新橋記

堤塘

清風安昌兩鄉實瀕大海有塘岍以禦風潮或遇旱損隨即修築若易為力或浸不省玩歲積月怒濤益侵至嘉定六年潰決餘五千丈冒民田蕩室廬漂沒轉徙者二萬餘戶斥鹵漸壞者七萬餘畝歲失兩鄉賦入以萬石計者四年于茲 守趙彥倓請于 朝頒降緡錢殆十萬米萬六千餘石又益以留州錢千餘萬倉司被 旨督辦復致助 自秋興役築塘及橒修

共六千一百二十丈砌以石者三之一起湯灣迄王家浦以明年夏畢工會諸暨縣民杜思齊以造僞獲罪家沒入郡又請買其田於安邊所計五百七十八畝山園水塘三百七十二畝置莊於古博嶺藏其租委官掌之以備將來修築費又請行下吏部今後差注山陰尉職銜帶巡修海塘視成壞以加勸懲刻碑郡庠龍泉葉適爲之記至守汪綱命時加修護云

新堤在府城之西門距西興踰百里塘堤廢壞久矣外爲牽夫蹊踐內爲田家侵掘混爲泥塗往來艱阻夏潦初興河流溢而大　秋暘方熾田水泄而不留

非特路人病之也嘉定十四年郡守汪綱增築之徒行無褰裳之苦舟行有挽繂之便田有畔岸水有儲積其利已博矣而又建施水坊於人煙不接之地凡八所各五間為中寮以憩過往之人且將規畫食利以資守坊者為久長之計則其利豈特博而已哉

沙路在西興沙上直抵江岸長一千一百四十丈十七年冬汪綱以往來渡者病涉築此路以濟行人縻錢三千萬米千斛樁篠五萬有奇踰月而工成　望如砥修闊平賷莫不以為利次年三月　寧宗靈駕發引遂由此捧擎徑達于河以避入間沙漲之阻

青江塘在會稽縣東七十餘里千秋鄉計長四百餘丈嘉定七年内準　朝廷下本府支撥錢一萬四千餘貫米一千七百餘石砌壘尋爲風潮所壞嘉定十六年郡守汪綱重行修砌

鳥獸草木

鳥獸草木越中所産其名品之夥未易以一二數也今掇其見稱於書傳間者備録于此

花

牡丹自吴越時盛於會稽剡人尤好植之仲皎有詩云王棱金線曉粧寒妙入天工不可干老去只知空

會稽續志卷之四

境界淺紅深紫夢中看

芍藥越中所植其花大有過尺圍者而剡尤盛李易剡山詩斑竹笋行三畝地紅藥花開一尺圍五十朋剡館芍藥詩已過花王候繞闌近侍香來遊禁酒地免作退之詩

海棠李德裕平泉草木記曰木之奇者會稽之海棠沈立海棠記曰花中帶海者從海外來

紅桂平泉草木記木之奇者稽山之海棠剡溪之紅桂記又有訪剡溪樵客得紅桂移植郊園詩云來自天姥岑長疑翠嵐色前有越叟遺數株因今未嘗識

之句意此桂在唐唯龍門敬善寺及剡中有之今所至婆娑森立不特剡也

百葉木芙蓉平泉草木記宛陵之紫丁香會稽之百葉木芙蓉

四季桂有植于剡之雪館者城圃亦有之白居易詩有木名丹桂四時常馥馥棗據詩芳林挺芳榦一歲三四花

山茶平泉草木記曰得會稽之貞同山茗在唐唯會稽有之其種今遍于四方矣

貞同平泉草木記云稽山之貞同其花鮮紅可愛而

且耐久

蘭越絶書曰勾踐種蘭渚山舊經曰蘭渚山勾踐種蘭之地王謝諸人脩禊蘭渚亭

荼蘼王十朋剡館荼蘼詩曰烘香倍遠雨浥韻尤清此但白荼蘼爾近時士大夫圃中有黄者尤可愛

石巖花與杜鵑花本一種石巖先敷葉後着花其色丹如血杜鵑先着花後敷葉色差淡仲皎石巖花詩繁英歷歷爍晴空過了花間幾信風明日畫欄供從倚却須有句到芳叢

四時杜鵑花平泉草木記得剡中之真紅桂稽山之

四時杜鵑

杜鵑花王十朋會稽風俗賦天衣杜鵑東山薔薇注云天衣寺有杜鵑花最奇每歲盛開觀者競集越僧擇璘杜鵑花詩蠶老麥黃三月天青山處處有啼鵑斷崖幾樹深如血照水晴花暖欲燃三嘆鶴林成夢寐前生閬苑覓神仙小山拄頰愁無奈又怕聲聲聒夜眠越人謂之映山紅唐僧脩睦有映山紅詩

瑞香剡中西太白山有此花盧天驥剡山瑞香花詩云入夢生香酒力微不須金鴨裊孤霏爲嫌淡白非眞色故着仙家紫道衣時盧正在西山也了元瑞香

譜曰廬山瑞香比他郡最香信乎風物各有相宜矣

曾漫録曰廬山瑞香花天聖中始傳東坡諸公悉作瑞字廬山記中載瑞香花及繪禪師詩山中瑞采一朝出天下名香獨見知張祠部以瑞爲睡其詩曰曾向廬山睡裏聞香風占斷世間春竊花莫撲枝頭蝶驚覺南窻半夢人今餘姚上虞二邑之地亦宜此花城圃亦多不特剡也

古梅會稽餘姚皆有之老榦奇恠而緑蘚封枝苔絲四垂疎花點綴極爲可愛化處所未見也俞亨宗議云疎疎瘦蘂含清馥矯矯虬枝綴碧苔疑是髯龍離

雲駢蒼鱗遥駕王妃來

紅梅城圃中及他邑皆有盧天驥剡中同邑官登迎薰堂紅梅詩河陽滿縣栽桃李風迴落花　不起潘郎遠韻致不凡為米折腰聊爾爾剡溪詩尹亦可人作堂餉客名迎薰雖無桃李繼潘令紅梅一窠香入雲自憐多病繡衣客百年未半鬢先白長鞭短帽飽霜露田園將蕪身未索何日皆琴携瘦笻鳴絃堂上迎薰風梅香已斷葉初暗滿枝着子雙頰紅寄聲艇子可留意為我沿溪撑短篷

千葉黃梅剡中為多王梅溪詩菊以黃為正梅惟白

最羸徒勞千葉染不似雪中花

蠟梅越中近時頗有剡中為多花有紫心者青心者紫者色濃香烈謂之辰州本蠟梅磬筭名自蘇黃始徐師川詩所謂江南舊時無蠟梅只是梅花臘月開王梅溪剡館蠟梅詩非蠟復非梅誰將蠟染腮游蜂見還訝疑自蜜中來

菊前志云昌安門內朱氏莊有佳菊數十種今上原所藝名品亦多剡中高氏雪館種菊一二百本最奇者紫菊丹菊

白丁香剡山絕多

荼蘼花越山處處有之唯剡中爲盛山谷榛莽間最多即梔子花也

薔薇越中頗多自昔見稱於人李白憶東山云不見東山久薔薇幾度花又有重臺百葉者平泉草木記稽山之重臺薔薇又曰宛陵之紫丁香會稽之百葉薔薇

凌霄前志云山陰多有其蔓倚木直上故名元稹詩寒竹秋雨重凌霄晚花落

杏與梅異前志已詳盧天驥剡中詩山杏枝頭鵯鵊兒來傳春意語多時王銍杏花詩玉人半醉點豐肌

何待武陵花下迷記得鞦韆歸後約黄昏新月粉墻
低又醉裏餘香夢裏雲又隨風雨去紛紜人間春色
都多少莫埽殘花斷盡魂

碧桃張說題燭金庭觀云他日洞天三十六碧桃花
發共師遊李光云吾里桃花色白而多葉蹄萼皆碧
世謂之碧桃有詩見光文集

木蘭吳蜕鎮東軍監軍使院記云大厦前木蘭特異
越城之中稱爲一絶

鴛鴦梅王十朋會稽風俗賦云越有鴛鴦梅雙頭之

葉

果

青櫺子出餘姚縣四明山陸龜蒙詩山實號青櫺環岡次第生外形堅緑殼中味敵瓊英皮日休亦有味似雲腴美形如玉腦圓之句史忠定公詩云羽幰新從帝所回餘歡未盡玳筵開醉拋青子香泥上留與僊家取次栽

李越中固多唯剡溪者頗見稱唐李紳遊剡龍宮精舍晝寢有老僧見一黑蛇上剎前李樹食其子復望東序而去入紳懷中僧曰公睡中有所覩否李曰夢中登李樹食李甚美似有一僧相逼乃寤僧知非常

延遇甚謹

櫻桃越有大小二種蕭山者勝剡亦有之李易剡山詩豆角嘗新小麥秀來禽向長櫻桃肥

枇杷始寧塹多植此剡坑吳莊最多

林檎越中自昔有之故謝靈運山居賦曰枇杷林檎帶谷映渚

蓮藕前志但稱禹廟前羅文藕面已今上虞亦出此大率越多陂湖蓮最富杜笱鶴送人游越詩有園皆種橘無渚不生蓮可謂越之實録也

木瓜本草云陶隱居曰山陰蘭亭尤多彼人以為良

果最療轉筋患時但呼其名及書患處作木瓜字皆愈不可解

瓜已見前志又剡之西太平鄉產奇瓜紺翠如簡味絶佳庾信所謂美酒含蘭氣甘瓜開蜜筒齊靈敏剡人種瓜營葬朝採夕生

棗前志云其品之美者出諸暨蕭山然嵊縣嶀山棗灣又有一種青者

石榴越固有唯剡中者佳地近東陽故多榴房

葡萄廣志曰葡萄黄黒白三種越中間有碧葡萄王十朋剡館葡萄詩珠帳纍纍不挂龍鬚蔓蔓抽從渠能

羙釀不要傳涼州

栗本草云生山陰陶隱居曰今會稽最豊諸曁形大皮厚不美剡及始寧皮薄而味甜

榧平泉草木記曰木之奇者有稽山之榧東坡詩彼美玉山果粲為金盤實玉山屬東陽剡實接壤榧多使者

棖越中固有而剡為多張籍詩山路黄棖熟沙田紫芋肥眞剡中風物也梅聖俞詩越蘢棖熟又楚飯稻春初

橘任昉述異記曰越多橘柚園越人歲稅謂之棖橘

户亦曰橘籍今非其舊

柚列子曰吳越有木焉曰櫾碧實冬青實丹而味酸

爾雅音義曰柚亦作櫾

蔬

葴唐趙璘戒珠寺碑云葴蔬類也句踐故城東北三里有山曰葴傳云昔越君所嗜故常採於此遂名山本草云作蔓生莖紫赤色葉似蕎麥而肥關中謂之葴菜王十朋有采葴詩見續掇英他已見前志

越瓜本草云生越中陳藏器云越瓜大者色正白越人當果食之去煩熱解酒毒又自有黃瓜菜瓜可充

蔬茹云

草木

卷栢俗呼長生不死草旱生餘姚四明山雖甚枯槁得水即蔥翠甚爲異也謝靈運山居賦卷栢萬代而不殞則此物越山皆有之不特産於四明山也

仙茅出少微山齊唐有詩云玉澤反嬰看術驗少微山是小三茅

山蔓菁惟餘姚縣龍泉山有之劉綱夫婦所種婦先綱飛昇約綱云菜熟亦仙去朱翌詩云天上佳招飛鸞驚人間春色到蔓菁

莐草輿地志云出上虞縣夏蓋山上人織以爲席甚細密多接者爲精英鄮山亦有夏蓋山亦云出莐草當考

鹿胎草獵士陳惠度射鹿剡山鹿孕而傷舐子死其處生草曰鹿胎草

恒春草唐方士梁鍾進恒春詩東吳有靈草生彼剡溪傍既亂莓苔色仍連菡萏香金膏徒騁壽石髓莫矜良儻使露消滴還遐遊不死方

石耳生四明山絶壁上少微山亦有齊唐有詩

仙樹在餘姚縣祠宇觀孫應時詩云劉樊蟬蛻此登

仙老木當時已挿天　玉骨半枯元秀潤蒼皮新長更
榮鮮蟠桃待熟三千歲銅狄重摩五百年化鶴未歸
山寂寂徘徊誰與問因緣

貝多木出諸暨縣寶掌巖寶掌禪師所植蓋數百
年矣

檀可爲車故曰彊韌之木南渡初製五輅須檀爲車
軸取諸剡至今郊年文移如舊

櫟水經曰謝靈運與惠連聯句刻孤潭櫟側詩曰山
有苞櫟爾雅注曰櫟有梂彙自裹

梓梅福四明山記山生梓松栢水經謝玄居嶀山起

樓樓側桐梓森擬

桐謝車騎嶀江所居桐梓森擬人號桐亭

楝見謝靈運山居賦有花詩人稱之梅聖俞楝詩紫絲暈粉綴鮮花綠羅布葉攢飛霞陳無已詩密葉已成蔭高花初着枝

椿剡溪谷多此木孔德紹詩歲往傾松方偃年深椿欲秋用莊子事妙絶

楮說文曰穀也陸璣草木疏曰江南以楮擣紙剡溪作冰紙亦取此

黄楊梅福四明山記山生黄楊苦樹

樫出越中四明山爲多見梅福四明山記及謝靈運山居賦爾雅曰樫河柳張衡南都賦注曰樫似栢而香

檜平泉草木記曰木之奇者會稽之檜爾雅曰檜栢葉松身

橡出剡中許渾詩霜肥橡栗留山鼠月冷菰蒲散水禽

柞周處風土記曰始寧剡界山多柞木吳越之間名柞爲櫪爾雅曰栩杼柞樹也漢五柞宮即此木

石楠李白詩水舂雲母碓風掃石楠花祖[illegible]詩不知

疊嶂夜來雨清曉石楠花亂流石楠二月花開剡山谷多此冬葉九可愛

樟出剡中酉陽雜俎曰江東人以樟為船張嵲詩白水汪汪滿稻畦樟花零落徧前溪

棕輿地志曰越太平山生棕木剡亦多此木最宜為櫨

櫧越山有之李嘉祐詩子規夜啼櫧葉暗遠道春來半是愁

相思木平泉草木記得稽山之相思木述異記曰戰國時魏有民戍秦妻思之卒塚上生木枝葉皆向夫

所謂之相思木吳都賦曰相思之樹劉注曰樹理堅斜斫之有文可作器

栟櫚十道志曰會稽有棕山剡山谷多植山海經注曰椶一皮一節廣志曰栟櫚葉如車輪二月一採轉復一生

柘越中多有之非但葉可供蠶事其木文理緻密而黄色可愛堪爲器具謝靈運山居賦所謂木之美者

楸梓屬也

楡白枌也

檿山桑也 以上背越山有之並見謝靈運山居賦

茶

前志載越中茶品甚詳而獨遺剡茶按唐僧清晝詩越人遺我剡溪茗採得金芽爨金鼎則剡茶自唐已著名矣華鎮剡中瀑布嶺仙茶詩云煙霞密邇神仙府草木微滋亦有靈則剡茶見稱不特清晝而已剡茶有九曰西太白山瀑布嶺仙茶曰五龍茶曰眞如茶曰紫巖茶曰鹿苑茶曰大崑茶曰小崑茶曰焙坑茶曰細坑茶 見高氏剡錄

竹

箭竹左傳曰東南之美有會稽之竹箭謝靈運山居賦曰二箭殊葉注曰若箭大葉𥫱箭細葉戴凱之竹譜曰會稽箭最精節間三尺堅勁中矢

篳竹西京雜記會稽貢竹篳號流黃篳

毛竹四明洞天記毛竹叢生澗邊又剡中金庭曰毛竹洞天有毛竹李洼洞叟詩雲藏毛竹深深洞煙起香爐裊裊風

斑竹博物志曰洞庭二女以涕揮竹盡斑述異記越中有顧家斑竹今至大用以作牀倚及其他器具甚清雅

燕竹越人以其燕來時作筍取其早也因以爲名華鎮詩云竹筍黄芽欲老時杏梁白暖燕初歸他林尚聳千竿翠此筍先抽一握肥王十朋在剡有詩云問訊東牆竹佳名始得知龍孫初迸處燕子正來時

苦竹山陰縣有苦竹城越以封范蠡之子則越自昔産此竹矣謝靈運山居賦曰竹則四苦齊味謂黄苦青苦白苦紫苦也越又有烏末苦頓地苦掉顙苦湘簟苦油苦石斑苦苦筍以黄苞推第一謂之黄鷰苦孟浩然詩歲月青松老風霜苦竹餘

水竹謝靈運山居賦曰水竹別谷注曰水竹依水而

生甚細密然亦有大者

石竹 謝靈運山居賦注曰石竹別叢大以充屋椽巨者竿挺之屬

慈竹生越山剡中尤多任昉述異記曰南中生子母竹慈竹是也酉陽雜俎曰慈竹夏雨滴汁入地而生

桃枝竹梁元帝詩柯亭臨絶澗桃竹夾細流書曰篾席黼純孔安國曰篾桃枝竹也

筀竹越中俱有而剡為多字書曰筀竹名也有旱竹晩竹鯀竹梅聖俞詩侵天筀竹溪西東

簕竹越中處處有之剡為名羅浮山疏曰簕竹堅利

南土以為矛筍未竹時堪為弩絃
對青竹每節青黃左右相間越俗呼為黃金間碧玉又曰閃竹又曰間竹或云越閃竹即宋景文黃太史所謂對青竹宋公賛曰翠瀟如畫太史賦曰金碧其相

紫竹剡山谷間往往有之宋景文紫竹賛曰竹生三歲色乃變紫

黃竹出蕭山越絕書云范蠡遺鞭於此生筍為林竹色皆黃

方竹中堅而外方王岑山所植張忠定公詠方竹詩

筍從初茁已方堅峻節凌雲更可憐

人面竹剡山有之竹徑幾寸近本遠二尺節極促四面參差竹書曰如魚鱗而凸頗類人面

淡竹越中有之竹類不一而本草所載惟笙竹苦竹淡竹耳

蘆栖竹嵊縣嶀山有蘆栖谿[illegible]王十朋嶀山賦靈禽忽翥於蘆栖竹譜曰竹膚是蘆壖浙江以東以為篾空於筆

笙竹今樂部作笙率以會稽卧龍山竹為貴

銀筍梅福四明山記山生毛竹銀筍

藥石

禹餘糧會稽及嵊縣了溪有之博物志曰禹治水棄餘食於江為禹餘糧顏况詩云宛委山裏禹餘糧石中黃子黃金屑

石燕四明山記曰南峰之北巖生石燕

雲母本草云今杭越間亦有之生土石間或作片成層可析明滑光白者為上

紫石英本草云生泰山或會稽者形如石榴子楓橋採仙者佳

蛇黃本草云出嶺南蛇腹中得之重如錫黃黑青雜

色有吐出者野人或得之圖經曰今越州亦有之大如彈丸堅如石外黃内黑二月採云是蛇冬蟄時所含土到春發蟄吐之而去越所有者此也

紫菀平泉草木記得稽山之紫菀剡縣西山有之其苗謂之麝香菜

地黃剡地種之按謝靈運山居賦曰采石山之地黃則越產地黃其來久矣

术本草云生杭越等州葉葉相對上有毛方莖莖端生花淡紫碧紅數色

續斷本草云越州亦有之三月已後生苗幹四稜似

苧麻葉亦類之兩兩相對而生四月開花紅白色似
益母花
五味子本草云杭越間亦有春初生苗引赤蔓於高
木其長六七尺葉尖圓似杏葉三四月開黃白花類
小蓮花七月成青實熟乃紅紫
白及本草云生冤句及越山春生苗長尺許似栟櫚
及藜蘆夏開花七月結實根似菱米有三角
劉寄奴本草云今出越州葉似菊高四五尺花白實
黃白作穗蒿之類也
蔓荊子本草云越州多有之苗莖高四尺對節生枝

杒春因舊枝生葉至夏盛茂有花作穗淺紅色蘂黃白色花下有青蕚至秋結實斑黑如梧桐子大而輕虛

木鼈子本草云今杭越亦有之春生苗作蔓四月生黃花六月結實似栝蔞生青熟則紅其核似鼈故以爲名每一實其核三四十枚

細辛出諸暨縣細辛隴山山多細辛因以爲名

黃精出諸暨縣石鼓山人採之以黑豆同煑或蒸甘美可食郡人唐秦系期王鍊師詩黃精蒸罷洗瓊杯林下從留石上苔昨日圍棊未終局且乘白鶴下山

來

黃蘗出諸曁縣黃蘗山山以多黃蘗故名

厚朴出剡中平泉草木記稽山之榧檜剡溪之厚朴

紙

敲冰紙剡所出也張伯玉蓬萊閣詩敲冰呈好手織素競交鴛注越俗呼敲冰紙新安志紙敲冰為之益佳剡之極西水深潔山又多藤楮故亦以敲冰時為佳蓋冬水也

禽獸蟲魚

鷴項斯詩更望會稽何處是沙連竹箭白鷴羣千

子規前志已詳李易剡山詩丁寧杜宇往江北爲喚故人令早歸仲皎懷剡川故居詩蝴蝶夢中新歲病杜鵑聲裏故鄉愁越人謂之射豹

畫眉越所在有之剡林谷雅多以其眉如畫故名拖白練剡玉岑山最多尤可玩愛

黃雀白露來霜降去張芸叟詩所謂黃雀知時節清江足稻粱是也

鶻鵃鵐舅也盧天驥剡中詩山杏枝頭鶻鵃兒來傳春信語多時張祜詩落日啼烏臼空林露寄生胡文恭公宿詩二月辛夷猶未落五更烏舅最先啼言鶻

鴂啼最早也

吐綬雞剡太白山有雞五色吐緑綬號吐綬鳥古今注曰吐綬鳥曰錦囊劉禹錫吐綬鳥詩越山有鳥形寥廓嗉中吐綬光若若李易太白山吐綬雞詩昔人仙去斷丹梯憔悴深山吐綬雞百囀和鳴非我事漫將文采慰幽棲

牛尾貍剡山谷產玉貍東坡所謂牛尾貍也

白魚剡嶀祠下巨潭曰魚所聚大者二三尺頭昂者第一尾頳者謂之追紅白[redacted]自鳥獸至是多高氏別録

會稽續志卷第四

會稽續志卷第五

人物

前志紀載人物凡官至宰輔侍從則書故行義如趙萬吴孜才學如齊唐華鎮傅洽如姚宏姚寬或以不仕或以官不達皆略之夫記一方之人物要當以行義學識優劣爲取舍豈可以一時之官爵論耶又所記李光事尤多舛誤如言紹興二十八年秦檜死光始以南郊赦恩復官按國史檜死於紹興二十五年十月丙申是年十一月癸亥冬至郊祀十二月甲戌光量移郴州云二十八年檜死復官誤也又云卒年

八十三先生於元豐戊午死於紹興己卯四月三日實年八十二云八十三亦誤也故悉為是正而別見于茲

趙宗萬字仲囦山陰人少知名錢忠懿器之入朝欲與之俱以親老辭不行既長博極書傳負經濟之術用進士應詔籍於春官宗萬天資蕭散於世故淡如也壯歲築室於郡之照水坊左瞰平湖前挹秦望畜一鶴號丹砂引以為侶足跡不及於高門鼓琴讀書怡然自適者三十餘年祥符中詔舉遺逸郡守康戩以宗萬薦尋被召乃曰吾老矣不足以任事因獻跋

鼈傳以自見且請自託於道家者流朝廷不奪其志即其家賜以羽服後十餘年卒華鎮言宗萬神宗清明識度夷曠終日凝淡若嬰兒眞方外之士然取捨公就之際則確乎有不可奪者善八方草隸書通俞扁之術或辟穀導氣嘗為詩曰斗懸金印心難動屏列春山眼暫閑蓋其志也所謂跛鼈傳者其旨大抵言古先帝王自堯舜以來至于五代所以理亂興亡之迹終設詞以自喻謂能言之而莫之致猶跛鼈然故以名其書觀其書始直有意於世天命不相卷以自牧殆非山林枯槁繫而不食者也傅崧卿謂鎮言

誠確論也且為賦詩題其後云鶴書東召竟牢辭一去騎鯨世莫追會有丹青遺像在誰將配食季真祠

齊唐字祖之山陰人唐開元中浙西觀察使澣之後少貧苦學應得書皆自寫誦過一二則不忘學識之博人罕過之郡從事魏庭堅聞士也謂唐曰今之士多不讀書唐曰幸公任意以几上書令唐一誦之如何庭堅以一秩開示乃文選頭陁寺記而唐誦不遺一字魏大驚服登天聖八年進士第嘗進龍韜勝略賦士大夫覽者皆震讋兩應制科秘閣皆首選兩對

策皆在第一當塗邑其切直復排去遷著作佐郎知
杭州富陽縣改祕書丞太常博士爲南雄州簽判會
交趾進麒麟唐據史傳非之斥蠻人紿中國衆服其
博物以職方員外郎致仕初鑑湖東北有山巋然與
會稽山禹廟相望最爲山水奇偉之處唐命其山曰
少微而卜築焉熙寧七年卒年七十八有學苑精英
三十卷少微集三十卷
吴孜會稽人嘗從安定胡瑗學名馳於嘉祐治平間
會郡謀建學孜即捨宅爲基今學有祠堂存焉初學
成太守張伯玉至以便服坐堂上孜鳴鼓行學規

伯王欣然受其罰王十朋題其祠云右軍宅化空王
寺祕監家爲羽士宫惟有先生舊池館春風歸在杏
壇中
華鎮字安仁會稽人登元豐二年進士第官至朝奉
大夫鎮好學博古工於詩文一時名人宗師多稱道
之嘗爲會稽覽古詩凡百餘篇山川人物上自虞夏
至于五季爰暨　國朝苟可傳者皆序而詠歌之歷
按史策旁攷傳記以及稗官瑣語之所載咸見採摭
傅崧卿稱其詞格清麗興寄深婉足以垂觀來者子
初平登大觀三年第爲太常博士討論典故據經考

古無所阿附靖康初爭金人尊號貽怒當塗及都城失守　二聖北狩初平竟以憂憤而卒

李光字泰發上虞人入太學登崇寧五年進士第調衢州開化令知平江府常熟縣朱勔方以花石得幸勢焰熏灼光不為屈械繫其奴勔怒諷轉運使移光知吳江光即日以狀上于郡將致仕以歸會有直其事者而光挺挺自若勔終不能害也宣和二年召為太常博士五年遷司封員外郎因進對極論時事語及用事大臣黜知桂州陽朔縣召為司勳員外郎遷符寶郎　欽宗即位擢右司諫首論宦官譚稹梁方

平喪師辱國梁師成締交蔡京王黼表裏蒙蔽罪皆當誅遷侍御史極論蔡攸朱勔姦惡請正典刑有彗星出寅艮間議者謂夷狄滅亡之證光言春秋書災異以戒人君不聞歸之夷狄疏奏耿南仲力排之謫監汀州酒稅建炎元年　高宗即位于南京除秘書少監趣赴行在會杭寇陳通爲變道路不通未及供職除知江州力辭得請主管西京崇福宮三年五月除知宣州九月南康報水軍叛于鯀昌逼縣境光遣奇兵夜擊之賊潰十一月金人入寇郡縣皆不能支光獨力修守備金人不敢入境先是宣之諸邑上供

秋租廩藏水際以便舟楫光悉令輸郡廩人初不謂然及後城守幾月贍兵養民賴此以濟始服光之先識巨盜戚方破寧國抵城下光即日下令戒嚴民六十以下十五以上悉登城違者論以軍法光設牙帳于南壁躬撫士卒賊圍益急或請光盡室從西門遁去光曰我一家獲全其柰一城生靈何詰朝誦言于衆曰昨暮有教光攜家潛出者當以軍法從事姑且置之城脫或不保引劒之計已决義不污賊手兵民感泣其氣益倍賊兵百道來攻光隨宜應之賊所屬意急攻者唯南壁咸負户而登守者束薪縕蒭灌以油

作火牛秉風投之盡爇賊所負其衆披靡城中遥見昭亭山神數見人心益安南水門有神龍尾兩歧見于光衣間每賊攻急龍輒至光即其所立祠以禱援兵至賊自焚攻具請降光不許遂夜燒營遁去據樞密樓炤宣城事实修入除徽猷閣待制知臨安府紹興元年九月除知婺州甫到郡即入爲吏部侍郎紹興二年除吏部尚書大將韓世清本苗劉黨久駐宣州横甚至擅發倉庫招收逋逃朝廷調發不行光奏若不速行處置竊慮日復一日滋蔓難圖伏望密詔大臣乘其未發早賜驅除未幾除光淮西招撫使將帶神武軍統

制王瓖一軍人馬以行因誘光取道宣城分揀世清一軍面授密旨宰執皆不預聞陛辭日賜金帶象笏且有大用之語是時朝廷草創國用未裕雖宰相猶服犀帶是賜蓋異恩也光以二月晦日至宣城駐于城外光度世清越日必至講月旦賀禮預設方略以待之詰旦果至光使人就縛于坐世清出語頗不遜光呼劊子至欲行軍法世清倉皇但乞憐而已光命檻赴行在即出所降黃牓入城曉諭兵衆於一日之間分隸其軍莫敢有喘息者世清悍將其軍精勇是行僚屬爲光危之而光乃擒之於談笑之頃世清至

行在竟正典刑三月除端明殿學士江南東路安撫大使兼知建康府兼壽春滁濠廬和無爲宣撫使時太平州軍兵陸德爲變因守臣殺兵官據城以叛朝廷就委光措置遂盡擒德黨尋爲言者所攻遂奉祠去五年二月除知湖州七月除知平江十一月除禮部尚書六年除知温州七年除江南西路安撫大使八年五月除安撫制置大使十月除吏部尚書十二月除參知政事秦檜新得政藉光舊望以鎮服中外時虜方通和檜欲弛兵徹淮甸武備收諸將兵權光極言其不可檜以光異已頗怨之會有旨令宰執侍

從各薦西北流寓之士光前後所薦凡三十餘人多
知名士檜皆指爲朋黨置不問一日與光辨論於上
前詬難再三檜辭屈光因奏觀檜之意是欲壅蔽陛
下耳目竊弄威柄誤國莫大於此願陛下察之明日
留身乞去　上曰卿昨面叱秦檜舉措如古人朕退
而歎息方寄卿以腹心何乃引去光奏臣與宰相爭
論不可留章九上除資政殿學士與郡光辭改提舉
臨安府洞霄宮十一年安置藤州十四年移瓊州二
十年移昌化光既再謫潘良貴程瑀胡寅皆以通書
奪官或鐫職二十五年秦檜死始量移郴州二十八

年聽自便二十九年卒於蘄州年八十二　孝宗皇帝登極追復資政殿學士尋賜謚莊簡紹興初咸方冦宣城光極力守禦城賴以全宣人德之相與繪像建祠淳熙初守臣因邦人之意請于朝詔賜廟額曰褒烈初光嘗從劉安世講學得其精微故晚年遷謫深入瘴地遠涉鯨海略不以爲意人謂於死生禍福之際無所屈撓實似安世云在海外自號轉物居士曰講周易一卦因著易傳十卷其他著述有文集四十卷兵略十卷神仙傳十卷其諸子皆知名孟博字文約紹興五年進士第三人及第光貶嶺南孟博出

隨侍召試館職刃舌竟卒於瓊州蓋自登科未嘗
一日出仕聰敏強記爲文精於楚辭享年不永人甚
惜之孟堅字文通少以果毅力學見稱于里之先輩
光謫嶺南會有告其家有私史孟堅竟坐罪除名竄
峽州檜死始復故官爲常州晉陵丞葉衡力薦於朝
有　旨就差知無錫縣甫及歲諸司以治績聞　孝
宗命召赴行在暨入對　上問及家世又以治効之
美形之褒語即除知秀州遷提舉淮東常平茶鹽事
乾道五年卒年五十五孟珍字文潛善行草當時得
其簡牘人皆珍藏之嘗擢守江陰及沿海制置司參

議官皆不赴淳熙十一年卒年五十六孟傳字文授少講學有聲而天資爽邁無纖毫世俗之氣當世聞人如曾幾徐度賀允中汪應辰張孝祥諸公一見皆器遇之與之游從宰明州象山秩滿主管官誥院遷太府寺丞權考功郎出知江州處州提舉福建常平茶事提點浙西刑獄尋奉祠里居久之乞掛冠除直寶謨閣致仕性嗜書至老不厭藏書方卷悉置左右緡閱紬繹周而復始每得異書手自校勘竟其編乃止多識典故及前輩出處中朝舊事歷歷能道李燾有如自觀嘉定十二年卒年八十四有磐溪詩若干卷

五十卷宏詞類稾十卷讀史十卷雜志十卷記善記
異録各五卷
姚寛字令威嵊縣人以父舜明任補官少有令望筮
仕之始一時名流爭禮致之吕頤浩李光帥江東皆
辟置幙中傳崧卿繼至以主管機宜文字辟之辭不
就崧卿移書交舊有愧恨之語秦檜執政以舊怨抑
而不用寛亦不屈已求進後以賀允中徐林張孝祥
等薦入監進奏院六部門權尚書户部員外郎兼權
金倉工部屯田郎樞密院編修官寛博學强記於天
文推筭尤精究類亮入寇中外皆以爲憂直云虜百

萬何可當惟有退保爾寬獨抗論沮止且上書執政言今八月歲入翼明年七月入軫又其行在巳巳者東南屏蔽也昔越得歲而吳伐越吳卒以亡晉得歲而符堅伐晉堅隨以滅今狂虜背盟犯歲滅亡指日可待又推太一熒惑所次皆賊必滅之兆未幾亮果自斃從 上幸金陵以其言驗令除郎召對 上首問歲星之詳寬敷奏移晷復論當世要務奏未畢疾作仆於榻前 上面諭令優假將理旋愈復入對後一日卒上甚念之特官其一子且用其弟憲于朝此據寬所上執政書及王明清揮麈錄後錄參以國史修入寬詞在甲乙之外所業奇

工於篆隸及工技之事甞謂守險莫如弩因裒集古今用弩事實及造弩製度為弩守書以獻且請用韓世忠舊法以意增損為三弓合蟬弩詔許之既成矢激二里所中皆飲羽又嘗論大艦圖簿指南車得古不傳之法他所著有西溪集十卷注司馬遷史記一百三十卷補注戰國策三十一卷五行祕記一卷西溪叢語一卷玉璽書一卷注韓文公集未畢尚數卷寬每語人曰古稱圖書豈可偏廢故其注史記戰國策辭有所不盡必畫而為圖於文最得於詩葉適云寬古樂府流麗哀思頗雜近体詩絕去尖巧乃全造

古律加於作者一等矣為當世推重如此卒年五十八兄宏字今聲少有才名呂頤浩為相薦為删定官後忤秦檜死大理獄[詳見七卷雜紀中]

王厚之字順伯世本臨川人左丞安禮四世孫也祖榕始徙居於諸暨紹興二十六年厚之以越鄉薦為舉首尋入太學登乾道二年進士第由秘書郎出為淮南轉運判官召為度支郎兩浙轉運判官知臨安府提點坑冶鑄錢提點江東刑獄上章乞致仕詔進直寶文閣從所請厚之好古博雅富藏先代彝器及金石刻與尤袤俱以博古知名於時嘗取古今碑刻

參訂而詳著之號復齋金石録嘉泰四年卒年七十
四
陸游字務觀山陰人左丞佃之孫自少頴悟學問該
貫文辭超邁酷喜為詩其他誌銘記序之文皆深造
三昧尤熟識先朝典故沿革人物出處以故聲名振
耀當世張孝祥自謂辭翰獨步一時每見輒傾下之
初　高宗聞其名欲召用而游以口語觸秦檜故抑
不得進紹興三十二年　召對　上俯加問勞　玉
音褒拂至再三命賜進士出身嘗為刪定編修官
出監郡典州持部使者節久之再入為禮部郎以直

華文閣致仕後落致仕名為祕書監專修　國史未
幾以寶謨閣待制奉祠還里再乞致仕嘉定二年
卒年八十有五有劒南詩稾二十卷續稾六十七卷
渭南集四十五卷行於世
黄度字文叔新昌人登隆興元年進士第淳熙十六
年差監登聞鼓院遷國子監主簿紹興四年九月遷
監察御史蜀將吴挺死度曰國家徒倚世將扞虜而
不為蜀慮蜀郡歲舉緡錢四十餘萬遡流而運名曰
餽邊實富吴氏民力盡矣成都非用武國本賴梓潼
號東西川劒閣漢守翼蔽於外昔人守蜀之常也今

内無一兵若吳氏南指兩川雖朝廷有區區制置使何足抗哉天下平挺忽死子弟未有異望急令興利為一民力可以少寬是日　上反復語蜀事至旰遂以張詔為興州都統制而令興利分東西川執政莫敢任責後挺子曦叛復歸興州竟以蜀叛皆如度言紹熙二年　光宗始以疾不過　重華宮上書極諫言甚切至尋遷御史大夫復連疏極諫既不聽累乞罷去　孝宗崩　寧宗召復為御史如故遷右正言知閤韓侂胄出入宮禁手弄權柄黨有陵駕當世之心度具疏乞對侂胄聞之亟遽請　御筆除度直寶謨閣知平江府

度力辭於申尚省狀備言崇觀間蔡京當國始挾主威以制天下凡所施行必請　御筆可為深戒辭之至再詔以所除職代主管建寧府冲佑觀俄起知夔州坐不發蘭溪知縣贓罪罷嘉定元年召除太常少卿遷吏部侍郎出知福州除龍圖閣待制移知建康府兼江淮制置使值歲歉殣殍相望空廩竭帑度力拯救之活飢民百六萬八千為錢四十六萬緡米九万五千石又奏蠲錢弍十九萬九千貫米四萬四千石入為禮部尚書以病請去除煥章閣學士知隆興府改提舉萬壽宮嘉定六年卒年七十六度平生澹泊一

室蕭然無耳目之娛獨嗜書至老不倦自六經百氏
天象地理禮樂官名井田兵法莫不研究有書說二
十卷詩說三十卷周易說五卷歷代邊防六卷藝
祖憲監三卷　仁皇從諫録三卷奏議及雜著一編
屯田便宜一卷
莫子純字粹中初以仲父文清公叔光郊恩補官銓
試及試江東運司俱爲第一人慶元二年禮部奏名
復爲第一是歲有　旨遵故事免　廷策徑賜進士
及第簽書平江軍節度判官廳公事除祕書省正字
校書郎著作郎起居舍人兼直學士院起居郎中書

舍人蘇師旦本平江筆吏韓侂胄任為腹心氣燄熏炙一時士大夫急於求進者爭趨其門一日過子純于部堂趨前執禮甚恭子純略不為禮師旦愧見左右已深恨之會師旦當遷官子純復以為不可於是忤侂胄意遂以祠去知贛州加右文殿修撰知江州不赴改知温州州提舉江州太平興國宫嘉定八年卒年五十七子純性姿聰悟博聞強記立朝之節始終可考士論歸之

俞亨宗字兼善山陰人登隆興二年進士第洪文惠公适帥越聞亨宗行義延置郡齋又偕至番陽與文

恵之弟樞密遵内翰邁游日以文章爲事嘗爲博學宏詞科所業三洪公讀之謂曰他日玉堂揮翰可也辛常州冝興秩滿幹辦諸軍審計司遷國子監主簿軍器監主簿知漳州先是州以塩抑民計口請給督促其直急於常賦至有塩不給而責其直民甚苦之耳宗首罷之又罷溪港津渡之榷聽民往來無禁及減去經總制錢後來額外苛取者歲罷緡錢合四萬四千又代民輸丁錢一萬六千有奇秩滿凡橐中所餘悉散之宗族親戚之貧者自漳州還奉祠里居杜門不復出嘉定初起爲提點江淮等路鑄錢公事移

江東轉運入爲吏部郎大理少卿秘書少監自以年老乞掛冠章凡六上以求直顯謨閣主管成都府玉局觀既歸累告老增一秩加秘閣修撰如所請嘉定之十五年卒年八十九矣　宗初爲臨川簿爲文謁廟大槩謂肩輿擔負迎盜于室雖至愚無知者不爲吏郡邑無小大至之日民相與出力迎致謂其人足以庇于躬而無害于家也庇之不能而害及焉是盜也夫何願而迎其語耳宗善終身行之自奉儉約衣食器用質素粗充官雖稍遂與屋頹墻壞處之泰然著述有垂軒稾二十卷宏詞習業五卷山林思古錄十卷群經

感發十卷

潘時字德鄜家世婺之金華生於靖康丙午父良佐苦學篤行表率諸弟躬授以經皆卓然有立公早孤與兄向養於叔父待制默成先生良貴家既長侍之以官默成與參政莊簡李公光爲忘年道義之交情好篤甚故莊簡以第五女歸公因家于紹興上虞之五夫端方溫雅得於天資兩家父兄與學問氣節冠冕一時聞見超尚自幼[illegible]夐異爲袁州分宜簿監兩浙轉運司造船場改秩提[illegible]轄行在雜買務雜賣場知興化軍淅西提舉改江[illegible]東提舉罷主管台州崇道觀湖

北提舉湖南提刑知廣州廣東經略知潭州湖南安
撫有　旨赴　行在奏事除左司郎官改直顯謨閣
知太平州淳熙己酉七月以疾終享年六十有四莊
重峭直嚴正聰明初為壻時莊簡李公為秦丞相擠
排投棄嶺海家道零散親家陸升之告訐以興獄子
壻沈程擺蹤而脫身公獨毅然與令人李氏朝夕岳
母管夫人之旁相其家事終始如一人已占其器識
自為小官嚴整有法度所至馳聲及為監司帥臣
平決冤獄安集軍民風采振揚小大畏服至於歐顏
楷法冰斯篆古文款識草聖漢唐八分書皆造其妙刻

石流傳人以為法子二人友端　登甲辰進士第為太學博士聰敏俊秀從南軒張公超然有得士類服從授徒里門履滿户外友恭為江淮宣撫司幹官詳雅沉静從晦庵朱公深造理趣居官可紀居鄉有行女一人適今　丞相史魯公端潔温良婦德昭著雖居榮貴專意儉勤儆戒相成媲古女士友恭之子履孫通判江陵府亦克世其家云

孫應時字季和餘姚人父介躬行古道訓授閭里鄉人尊之號雪齋先生公天才穎異陶冶嚴訓八歳能屬文乾道壬辰入太學年方弱冠從江西象山陸公

九淵悟存心養性之學登淳熙乙未進士第初尉黃巖士民惜其去欲共置田宅留居焉辭不受朱文公熹為常平使者一見即與定交紹熙壬子文定丘公崈帥蜀辟入制幙與元帥吳氏將有世襲之勢 朝廷患之而未敢輕有變易也丘公因其病使公往視疾以察軍情盛禮正獻辭焉復命以事實告會吳挺死即白制帥定議差統制官權領其軍檄総領楊輔兼利西安撫節制之草奏乞別選帥材以代吳氏朝廷從之以張詔為興州都統一方晏然改秩知平江府常熟縣既湍郡將以私憾招擬倉粟累政流欠

三千斛見問士民感德至相率擔負詣郡願代償不報竟坐貶秩故公有詩謝其邑人云牛車擔負愧高義豈知薄命非兒寬授通判邵武軍將赴而卒年五十三自號燭湖居士有文集十卷開禧丁卯吳挺之子曦復歸興元果據軍以叛曦誅嘉定初户侍沈公詵刑侍蔡公幼學給事曾公㬇吏侍黃公度兵侍戴公溪工侍汪公逵六人同奏公問學深醇行義脩飭見微慮遠能爲國家弭患於未形乞甄録其後得旨特補其子祖開下州文學冰心先生葉公適嘗賦其家世友堂詩曰雀尋屋角飛燕逐簾櫳窺共賀新

宇就生物所有依合德厚乃祖義完嗟利隨黍更悲别駕公櫝韞不盡施温恭化群從遜悌流深規一絲必同袍粒黍無異炊感零天上露潤浹園中葵魚蠏雖芳鮮不如此菜肥涼風送佳音桂林自生枝借子赤霄羽登君文石墀樸斲吁已勤襲窆審所宜諒為前峰近長映客星垂君家對峯即子陵墓跋語云雪齋孫不朋居餘姚燭湖上安貧樂道終身不願仕有古人之節三子應求應符應時皆以文顯于知名兄弟相愛友卉衣草食薄厚必均應時官止邵武軍通判應符之子祖祐敬踐祖德崇緝先志嘉熙之申戌為新堂名曰世友

合饍同室期永不替將請余記之然此詩已略具矣

會稽續志卷第五

會稽志　卷十

會稽續志卷第六

進士

會稽進士姓名慶元二年里人石朝英等始裒輯請于郡刻石於貢院斷自慶曆六年蓋六年以前登科記皆闕其鄉里故不可考而獨載大中祥符元年杜衍一人者蓋衍嘗位宰相人皆知其為越人也後來郡文椽劉庶復訪遺逸於里之耆舊又得陸軫以下凡七人乎稽之國史質之傳記則姓名可攷者殆不止此如錢昆與弟易皆擢第而易實咸平二年孫暨榜第二人又與二子彦遠明逸俱中制科易嘗掌內

制父子皆名聞一時亦可謂里之顯顯者石君乃里人何耒之考也予於錢氏四人之外又得剡中史綸及子叔軻姪安民并宏詞王俊等又十餘人錢易吳越王之後父倧死於會稽因就葬子孫從而家焉易嘗作僧仲休詩序云易家世越人也王十朋會稽風俗賦云錢氏世賢科之盛史門繼衣錦之榮注云錢內翰易會稽人景德二年中制科子明逸彥遠慶曆中並中制科剡中史氏兄弟相繼登科鄉號綵鰤按剡中之史乃屯田郎綸及其子兵部侍郎叔軻及姪中大夫安民爾綸與叔軻乃父子十朋云兄弟蓋一時筆誤也石刻非但踈略其間姓名差互者尤多如大中祥符五年榜陸軫居傅營之前天禧三年榜孫沔居傅瑩之前政和八年榜孫昕居姚景良之前俱誤今悉是正之且補其闕逸登載

于此庶來者得以考云
淳化二年孫何牓
錢昆
咸平二年孫暨牓
錢易第二人昆之弟
景德三年賢良方正能直言極諫科
光禄寺丞錢易
大中祥符元年姚曄牓
杜衍第四人相
大中祥符五年徐奭牓

傅營　陸軫

大中祥符八年蔡齊牓

齊廓　王絲

天禧三年王整牓

傅瑩　孫沔樞

天聖五年王堯臣牓

史綸

天聖八年王拱辰牓

齊唐廓之弟

京祐元年張唐卿牓

史叔軻綸之子

寶元元年呂溱牓

沈紳　褚珵　錢彥遠

慶曆二年楊寘牓

朱奎　茹約　石牧之

石衍之　徐紘　石象之

是年材識兼茂明於體用科

殿中丞錢明逸父易兄彥遠

慶曆六年賈黯牓

何玠　朱琮　梁佐

陳惟湜

是年賢良方正能直言極諫科

太常博士錢彥遠

皇祐元年馮京榜

闕杞　任秉　闕希聲

王醇　石麟之　馮滋

余叔良　胡穆　楊度

王霽　朱方

皇祐五年鄭獬榜

姚甫　韓希文　應瑜

張琦　李爕

是年賜九經出身

顧臨

嘉祐二年章衡牓

章蒙　余京　諸理理弟

傅傳正　王淵　石景淵象之子

唐穀　石深之衍之弟

是年材識兼茂明於體用科

明州觀察推官夏噩

嘉祐四年劉煇牓

姚勔 中書舍人 關景仁

嘉祐六年王俊民牓

錢嵊　顧沂　馮豫

褚珪　張肅然

嘉祐八年許將牓

褚唐輔　關景暉 景仁弟 張濟

治平二年彭汝礪牓

王長彥　余弼

治平四年許安世牓

黃兊

熙寧三年葉祖洽牓
陸佃第三人省元　陳㮀
孫左丞
熙寧六年余中牓
石景略別院省元　沈箋
深之子
王容淵之子　陸傅佃弟　韓羽
石景衡衍之子　闕澥　鍾昇
熙寧九年徐鐸牓
史安民綸之姪　張祖良　黄彦
虞昆
元豐五年黄裳牓

沈充　徐允　戚儀

詹京　蔡繪　黄詔

石景衍衍之子

是年明經

朱戩

元豐八年焦蹈牓

張敵　丁希訦　傅勉

虞賓　梁遘佐孫

元祐三年李常寧牓

朱興宗　陳毅

元祐六年馬涓牓

石公輔 賜名公弼 兵部尚書　衍之孫　黃特

陳兟 兟兄　朱卬　唐翊 熹之子

馮谷

紹聖元年畢漸牓

求移忠

紹聖四年何昌言牓

虞寅 賓弟　虞大猷

陳揚庭 徽宗賜名過庭 中書侍郎　姚舜明 待制

元符三年李釜牓

石端中　黄日新　盛旦

錢克忠　黄無慝

崇寧二年霍端友牓

徐公佐　求元忠　陳濤

唐竦縠之子　石彥和景略子　姚棐忱

方喆

崇寧五年蔡薿牓

石端誠　李光參政　郁藻

潘彬

大觀三年賈安宅牓

椷言　王上輔　華初平 鎮子

褚唐舉　石公恕

孫寳著　王俊

黄通　張宇發 別院省元 祖良子 待制

政和二年莫儔榜

張公彦　石公揆 景術子 侍御史　翁彦約

朱常　郭亢　高桓

政和五年何㮚榜

傅崧卿 上舍魁 給事中　錢唐休　王致柔

王真卿　杜師文　葉汝平

張翩　韓漑羽子　陸長民軫曾孫

政和八年嘉王牓

諸葛行敏　黃韶中通子　姚景梁

孫鼎　陳稟穀子刑部侍郎　錢唐俊唐休弟

宣和元年詞學兼茂科

從事郎新冀州州學教授王俊

宣和三年何渙牓

梁仲敏遘之子諫議大夫　石嗣慶象之曾孫

王賓　黃唐傑　陳陞

王休俊兄　桂章　孫彥材

宣和四年賜同進士出身

傅墨卿

宣和六年沈晦牓

諸葛行言 行敏弟　胡尚智　謝作

建炎二年李易牓

唐閎 穀孫　翟伯覓 璡之子　詹彥若 默子

陳炳　孫適

紹興二年張九成牓

黄嘉禮　華蕃　杜師旦

石龔慶 改名延慶　嗣慶弟　吳康年

石公轍 特奏狀元 公弼弟

紹興五年汪應辰牓

李孟傳 第三人 光子 胡沂 第四人 吏部尚書 虞仲琳 寅姪

石師能 象之孫 王俊彥 王賓

馮羽儀 谷子 虞仲瑤 賓子 馮耀卿

茅寔

是年博學宏詞科

左迪功郎明州州學教授石慶

紹興八年黃公度牓

繆渥

紹興十二年陳誠之牓
張擴歸姓馮　馬佐　詹承家京孫
唐閎翊子起居舍人　詹林宗承家弟　徐几
傅世修　錢移哲　葉汝士汝平弟
紹興十五年劉章牓
傅晞儉　黄昇　茹紹庭
梁仲廣邁之子　吳公輔　張之綱
石𥐟
紹興十八年
王佐狀元户部尚書　俊彦之子　張頴

陸升之　高選　陸光之長民子

周汝士　詹亢宗　沈壽康

茹驤

紹興二十一年趙逵榜

唐準翊孫　孫大中

紹興二十四年張孝祥榜

虞時中仲瑶子　黄開　黄閎

黄閤閎弟　石邦彦　王公袞俊彦子

貝欽世　茅寵

紹興二十七年王十朋榜

周汝能　許從龍　姚鎬

孫安國適子

紹興三十年梁克家牓

馮時敏羽儀子　姚廷宷　顧宣

黄閶閎弟

紹興三十二年賜進士出身

陸游佃孫待制

隆興元年木待問牓

王逨　李唐卿　魏中復

石斗文　黄度兵部尚書　莫叔光吏部尚書

俞亨宗　許蒼舒　丁松年

乾道二年蕭國梁牓

王日休 致柔子　邢世材　虞汝翼 寘曾孫

張澤 兵部尚書　傅頤　王正之

楊寅　張宗仲　王厚之

杜弻

乾道五年鄭僑牓

陸洙　曾槩　王誠之 正之兄

黃誾 別院省元 闓兄　王訢 兼中刑法

是年博學宏詞科

左廸功郎新差充廣德軍軍學教授許蒼舒

乾道八年黄定牓

石宗昭 公揆孫　許開 蒼舒姪　高宗商 改名商老

任惟寅　張拱辰 宗仲姪　錢棨 晉俊子

卜芸　張亨辰 拱辰弟

是年八月賜同進士出身

姚憲 舜明子 參政

淳熙二年

詹騤 狀元 林宗子　桂森　孫應旹

方秉文　盛勛　李友直

周之綱　唐鐍　石朝英

淳熙五年姚穎牓

徐邦傑　貝龔慶叔亞子　唐淮準弟

厲居正　朱元之　尚朴

陳杞兼中刑法

淳熙八年黄由牓

諸葛千能行敏姪　趙廷昂廷袞兄　魏挺中復姪

朱元龜　陸子愚長民孫　葉㤥汝士子

梁汝明　宋駒

是年博學宏詞科

從政郎滁州州學教授莫叔光

淳熙十一年衛涇牓

施累　黄邁　虞時忱時中弟

吴芸　董之奇　陸洋

白公綽　陶廷俊　姚一謙

淳熙十四年王容牓

石宗萬宗昭弟兵部侍郎　周之瑞

黄克仁詔曾孫　應夔　郭綽

徐三畏　杜思恭

紹熙元年余復牓

陳用之 槀孫犯廟諱與文學

諸葛安節 別院省元行敏姪

潘方

莫子偉 叔光子

紹熙四年陳亮榜

宋叔壽

王度

劉宗向

陳用之 再登科

許閎 閈弟

慶元二年鄒應龍牓

莫子純 狀元以叔光姪有官充第二人中書舍人

曾勳

王淑

黄伸 嘉礼子

陳無損

馮景中 時敏子

石宗魏

楊拱辰

馮大受

王夢龍

石宗王 景衎曾孫

方秉成

慶元五年曾從龍牓

吕冲之　張撫辰宗仲子　李知新光姪孫

王復明　傅誠墨卿元孫　胡衛沂孫

曾黷槩姪　石孝溥宗昭子　茹駿

嘉泰二年傅行簡牓

万秉哲秉文弟秉成兄　張炳　楊轟

袁一之

開禧元年毛自知牓

黄庭度弟　盧補之　過文煥

張浹辰宗仲子　申宋說　梁簡仲寬孫

田廙　任必萬

嘉定元年鄭自誠牓

同之章之瑞弟　黃虎　諸葛興行敏姪

余一夔

嘉定四年趙建大牓

李復光曾孫　榮熙辰　李知孝光孫

唐檵翊曾孫　錢難老　茹彧

虞埴時中孫

嘉定七年袁甫牓

孫之宏　朱晉　陳亨祖

姚翀　章夢兊

嘉定十年吳潛榜

劉漢弼　姚鏞憲姪孫　陸若川升之孫

丁輝希說曾姪孫　丁燧輝弟

尹煥　葉明道汝士孫　周宣子之綱子

閻璋　章又新　鄭大中

楊權

嘉定十三年劉渭榜

諸葛十朋行言曾孫　孫祖祐應時姪　王栝

過必宋　尤子孟遜　茅彙征

王祖洽　王㷍

嘉定十六年蔣重珍榜

毛遇順　周溶孫宣子子莊巖

闡人知名　王建封

寶慶二年王會龍榜

楊瑾

紹定二年黃朴榜

張崧卿　任貴登　張飛卿

勞崇之

紹定四年

慶壽恩釋褐賜進士出身

王傑

紹定五年徐元杰榜

陸壑佃五世孫後改名景思　梁大受　葛焱

施退翁　孫子秀　胡昌

李衢光曾孫　陳錫禹　楊釋回拱辰婿

孫自中　王世威　陶夢桂延俊孫

楊炎　楊國英　過夢符

王鵬舉　戴鐸　王華甫

陳煥　呂秉南　王景壽

端平二年吴叔告牓

馮喜孫谷四世孫　俞公美　孫煒祖

嘉熙二年周坦牓

胡太初余者子三年中詞學科第一人　過正已文始從姪　全清夫

劉曾　孫逢辰　戴得一鐸兄

錢紳　屠雷發　戴浩得一子

揚琺璀弟　孫嚞　袁灝

韓境琦六世孫

淳祐元年辛丑徐儼夫牓

陳膺祖　鄭熙載　馮平國

淳祐四年甲辰留夢炎牓

章夢璞　張良孫　任西之

陳熹之　朱元光　楊堯子

陳肖孫　李士特

淳祐七年丁未張淵微榜

葉秀發　王公大　孫嶸叟

馮濟國

淳祐十年庚戌方逢辰牓

黃雷　胡夢鱗　王燦

胡杲　孫林　商又新

王祖直　董元發

寶祐元年癸丑姚勉牓

陸逵　孫象先　毛振

夏仲尃　沈翥紳五世孫　陳夢卓

唐震　孫炳炎　李碩

錢恢

寶祐四年丙辰文天祥牓

杜應之　姚會之　何林

劉漢傳　莫子材　張頤孫

徐理

開慶己未周震炎牓

俞漸　李應旂省試賦魁　潘時晦

孟醇　朱國英　劉瑞龍

吕奎　陳碩

景定三年壬戌牓

方山京狀元　黄炊　黄遇龍

華景山　陸天驥　張霆

陳開先夢卓弟　許禀省試第二名　徐天祜

吴大順　吴天雷　王煓

會稽續志卷三

前十七

僊釋

苗龍唐初人失其名能畫龍故呼之曰苗龍後得道僊去今龍瑞宮東南一峯崛起上平如砥人號曰苗龍上昇臺

陳明欑陵鋪兵也人呼爲陳院長年三十有五時犯罪受杖遂蓬頭跣足若喪心者往來行歌無所定止頗能知未來事間與人言祁寒烈暑皆不畏避雪中不施一縷臥野橋上氣騰如蒸眼色正碧好以白堊書地且讀且歌字畫類五銖錢文觀者莫識中貴人典領欑宮者憐其寒常遺以衣乃轉與貧者淳熙辛

丑歲又不雨鄉民或叩以豐凶應曰木災竹災魚災貧道災俄而高岡發洪山水暴至所經竹木盡拔魚鼈掃空陳大病不食幾月腹皮皆凹入附骨隱隱見五藏人謂其必死俄復如初有蜀客來道堂見之焚香作禮曰先生正爲鄉里化緣造橋安得來此衆如悟其爲異人神遊在彼云或問其年庚但云三十五後微疾而終豪葬溪岸未幾其徒發瘞將火之空無一物矣洪文敏公邁特書其事於夷堅辛志云

端裕會稽人俗姓錢氏武肅王之裔孫年十八投大善寺則忠落髮受戒具見佛果勤和尚與語大悦勤

住蔣山往依焉勤命典記室尋分座道聲譪著枝旨住靈隱慈寧皇太后韋王弟召裕演法賜金襴袈裟紹興十八年移四明之育王裕涖衆色必凜然寢食不背衆唱道無倦紹興二十年十月十一日示微疾至二十八日索筆書偈跏趺而逝世壽六十六僧臘四十八荼毗煙凝五色如車蓋收舍利無數目睛齒舌皆不壞門人奉遺骨分塔於鄮峰西華初賜號佛智禪師至是謚曰大悟塔名寶勝

法慈上虞縣長慶寺僧也平日深居簡出洒埽一室終朝宴坐而庭有花竹泉石頗有幽意士大夫暇日

多往游焉慈頗能棋又善談論焚香煮茗延納無倦嘉泰初忽謝客閉門慈年高而神觀精爽略無他故人初不以為異會其童行辭往行在所請給僧牒慈語曰汝去宜速回久之無耗日以為問一日言還慈喜曰得汝歸甚好時方盛暑即令左右速具湯沐澡潔畢易衣端坐一室其徒往視之已將瞑目亟呼之云和尚幸自得恁好何不留一頌子曰汝不早道我今寫不得也嗣師云但說某當代書乃云無始劫來不曾生今日當場又隨滅又隨滅萬里炎天覓點雪語僅脫口而逝

溪全諸暨人俗姓翁氏世業於農少與父兄躬耕凡
至林壑泉石間必宴坐忘歸人已異之甫冠即出家
師授以釋典略無所解迺憣然入徑山投大慧宗杲
杲曰汝有何能荅云能打坐曰打坐何爲全曰若問
何爲直是無下口處杲遂知其爲法器全生長田家
爲人朴野而無緣飾旦不能書人呼爲翁木大一日
集衆採椒全亦預焉同輩有戲之云汝試作一摘椒
頌如何全即應之云含煙帶露已經秋顆顆通紅氣
味周突出眼睛開口笑入這回不戀舊枝頭衆皆嘆異
有檀越以一度僧牒施杲命給侍者十輩各探籌以

卜其分緣全偶得之九人者皆不平之更相誶語杲命復探之全再獲若是三探三得之遂師杲祝髮受戒拙庵光居靈隱俾典賓混源密主淨慈命分半座爲衆入室全志在晦藏無應世念然天資夙成不假師授雖不識一丁字而吐辭發語形爲偈頌老師宿學所不能及尚書尤公袤寶文王公厚之丞相錢公象祖皆與爲方外交全自號曰無用累典大刹最後住四明之天童開禧二年六月二十九日示寂說偈而逝世壽七十一僧臘四十五以全軀瘞于寺之西錢丞相爲銘其塔

詩文

前志所載詩文起秦漢止晉宋而隋唐以來皆略之蓋作者之衆不勝紀録也但蘭亭詩序與誓墓文皆王羲之作誓墓文足見其出處之大節不特以文筆也故晉史與蘭亭序俱載於傳中志乃録蘭亭而棄誓墓又白道猷一詩其連峯數十里脩林帶平津茅茨隱不見鷄鳴知有人之句膾炙古今人口不但見稱於白樂天而已志乃略附見於僧竺道壹事中殊未爲當今悉録之以補前志之闕

高宗皇帝大駕廵南駐蹕會稽暇日觀黄庭堅所書

張志和漁父詞因同其韻比日　御製又有登臨望稽山懷哉夏禹勤之句皆是邦光前絕後之盛事也敢敬以冠之卷首併以唐明皇送賀知章詩附之於後以為越紹之佳話云

高宗皇帝御製

紹興元年七月十日

予至會稽因覽黃庭堅所書張志和漁父詞十五首戲同其韻賜辛永宗

一湖春水夜來生幾疊春山遠更橫煙艇小釣絲輕贏得閑中萬古名

薄晚煙林淡翠微江邊秋月已明暉縱遠拖適天機

水底閑雲片段飛

雪灑清江江上船一錢何得買江天催短棹去長川

魚蟹來傾酒舍煙

青草開時已過船錦鱗躍處浪痕圓竹葉酒柳花氈

有意沙鷗伴我眠

扁舟小纜荻花風四合青山暝靄中明細火倚孤松

但願樽中酒不空

儂家活計豈能名萬頃波心月影清傾綠酒糝藜羹

保任衣中一物靈

駭浪吞舟脫巨鱏結繩爲網也難任綸下放餌初沉
淺釣纖鱗味更深
魚信還催花信開光風得得爲誰來舒柳眼落梅腮
浪煖桃花夜轉雷
莫莫朝朝冬復春高卑駟馬趂朝身金拄屋粟盈囷
那知江漢獨醒人
遠水無涯山有隣相看歲晚更情親甕裏月酒中身
舉頭無我一般人
誰云漁父是愚翁一葉浮家万慮空輕 破浪細迎風
睡起 蓬牕日正中

水涵微雨湛虛明小笠輕蓑未要晴明鑑裏縠紋生
白鷺飛來空外聲
無數菰蒲間藕花棹歌輕舉酌流霞隨處好轉山斜
也有孤村三兩家
春入渭陽花氣多春歸時節自清和衝曉霧弄滄波
載與俱歸又若何
清灣幽島任盤紆一舸橫斜得自如惟有此更無居
從教紅袖泣前魚

遠矚稽山思夏后之功俯瞰濤江懷子胥
之烈賦古詩一首

六龍轉淮海萬騎臨吳津王者本無外駕言蘇遠民
瞻彼草木秀感此瘡痍新登臨望稽山懷哉夏禹勤
神功既盛大後世蒙其仁願同越勾踐焦思先吾身
艱難務遵養聖賢有屈伸高風動君子屬意種蠡臣

送賀秘監歸會稽詩 并序 唐明皇

大寶三載太子賓客賀知章鑒於止足抗歸老之疏
解組辭榮志期入道朕以其夙存微尚年在遲暮用
修挂冠之事俾遂赤松之遊正月五日將歸稽山遂
餞東路乃命六卿庶尹三事大夫供帳青門寵行邁
也豈惟崇德尚齒亦所以勵俗勸人無令二踈獨光漢

冊乃賦詩贈行凡預茲宴皆屬和

遺榮期父道辞老竟抽簪豈不惜賢達其如高尚心

環中得秘要方外散幽襟獨有青門餞群公悵別深

寄若耶山笠道壹　白道猷

連峰數千里脩林帶平津茆茨隱不見雞鳴知有人

閑步踐其徑處處見遺薪始知百世下猶有上皇民

開此無事跡以待疎俗賓長嘯自林際歸此保天真

去會稽郡誓墓文　王羲之

維永和十一年三月癸卯朔九日辛亥小子羲之敢

告二尊之靈羲之不天夙遭閔凶不蒙過庭之訓母

兄鞠育得漸庚幾遂因人乏蒙國寵榮進無忠孝之節退違推賢之義每仰詠老氏周任之誠常恐斯亡無日憂及宗祀豈在微身而已是用寤寐永歎若墜深谷古人之分定之於今謹以今月吉辰肆筵設席稽顙歸誠告誓先靈自今之後敢渝此心會冒爲進是有無尊之心而不子也子而不子天地所不覆載名教所不得容信誓之誠有如皦日

郡士諸葛興以文行稱于鄉嘗作會稽九頌其自序云興世家會稽俯仰巖壑禹陵所在自少康建祠今數千載比年時和

歲豐邦人奉祀弗懈益虔因感昔人九歌之作自禹暨嗣君二相與夫英覇賢牧高人孝女顯有祠宇者輙爲九頌效顰前作念昔楚騷之興蓋出於感憤而記以規諷後之模倣者如九詠九愁之類往往皆然興方蹈詠　明時又其意主乎景仰先哲固無所謂感諷也直曰頌云爾間獨妄論古人不能不發其一二而其歌吟嗟歎因寓之以擬騷之聲云附見于此以其爲會稽頌也諸葛登戊辰進士第今爲江州彭澤丞

瞻越山兮鏡之東鬱喬木兮叢倚青霞兮窆石枕碧流兮寶宮端巘晃兮穆穆列俎豆兮雍雍梅爲梁兮挾風雨倏而來兮忽而去芝産殿兮間見橘垂庭兮猶古璽騰輝兮珪薦瑞書金簡兮緘石匱朝萬玉兮可想探靈文兮何祕嗟洚水兮横流民昏墊兮隱憂運大智兮無事錫鴻範兮叙疇身勞兮五嶽迹書兮九州宣王心兮不矜迄四海兮歌謳猗

聖宋兮中興駐翠蹕兮稽城獨懷勤兮曠代粲奎文兮日星楊舲兮拊鼓吳歈兮鄭舞奠桂酒兮蘭肴庶幾髣髴兮菲食卑宮之遺矩

右大禹陵

肇三聖兮傳一中，建人極兮參洪濛。元圭錫兮汝績，昭華歸兮汝躬。大道公兮均嬗，繼家天下兮繇姒氏。嵩石兮發祥，謳歌兮與子。誓甘野兮服叛，眷民國老兮貴齒。膺不重兮味不貳，琴瑟屏兮鐘鼓置。留心皇訓兮克儉，心敬承兮敢墜祀。四百兮綿景祚，兆大八橫兮垂異世。越山兮蜿蜒，鏡水兮漪漣。煥祠宮兮崢嶸，肅廡祀兮愉然。端冕兮龍章，執圭兮琳琅。想規畫兮矩疊，恍韶奏兮鏗鏘。

右嗣王

披竹簡兮典謨聖手斷兮唐虞登群龍兮[illegible]翊莘一堂兮都俞知人兮帝之哲動天兮帝之德畫象兮民不犯舞干兮苗已格逌一旅兮中興嚴[illegible]兮稽陵感會遇兮風雲崇像飾兮股肱憤夷楚兮陵上國忽庭堅兮祀俄旦泚麟筆兮特書喟夷吾兮右劣何汲汲兮詭誕謂明良兮相賊姦雄託兮自文慨齊東兮毋或仰而觀兮典禮秋俯而察兮草木殖功乏遠兮難名民之思兮無斁

右二相

睇禹陵兮巋然邃珍館兮蟺蛸敞別室兮遺像崇奠

霸兮千年諗越民兮非黷祀推五家兮自遷吾肇撫餘兮開國傳後裔兮奮起痛夫楙兮深衂同國人兮勞欲釆㦸兮食何味嘗膽兮志殄薦封以内兮種所司閫以外兮蠡所知羌厲志兮澡耻迄乘時兮決機盟上國兮王致胙按山南兮恢土宇陟鑑臺兮睨東海矩天門兮樸地户惜規圖兮不弘幾弓藏兮大烹蹇七術兮遺恨悵五湖兮遐征尚蟬嫣兮復續終與享於臬祖之庭

右越王

書畀姒兮力溝洫民奠居兮勤稼穡降嬴劉兮言水

利嘉鄴渠兮李鄭國慨元光兮瓠子決彼鄮封兮河之北悼一言兮貽時害誣天事兮非人力昔越守兮得賢侯慶遠文兮為民謀鏡一湖兮陂万頃備潴泄兮歲有秋寧殺身兮利人抑洙泗兮稱仁嗟後來兮私已田吾湖兮寖湮湖之復兮疇繼侯之心兮萬世酌清流兮擷蘭芷奉明薦兮非昵祀

右馬太守廟

典午西兮金谷輩渡而東兮謁多士嘉內史兮屛浮華淡物累兮頤天粹升治城兮遐想友東山兮雅志脩禊事兮蘭亭觴曲水兮群英追雩風兮涵泳渺萬

化兮均平紀清遊兮感慨刻形忘兮神詣蔚翔鳳兮一札寶連城兮千祀太傅起兮爲蒼生扶晉鼎兮蹴符秦内史歸兮樂山水師萬石兮飭孫子出興處兮兩賢意易地兮皆然

右王右軍祠

山簇簇兮環湖水淼淼兮縈紆人何遊兮明鏡鳥何飛兮畫圖懷賀老兮今昔想逸致兮林廬老之襟兮天闊老之神兮秋月飛翰兮龍鸞吐詞兮冰雪際熙運兮開元司縟典兮春官凌玉霄兮倚華蓋驂駿馭兮升西崑俄清夢兮綿綿恍乘雲兮登仙覲紫皇兮

玉宸聆九奏兮鈞天賤天公兮遂志鼓于柵兮錦里吾朋兮鷗鷺吾賓兮煙水野服兮蹁躚班衣兮娭戲緬高賢兮非苟於去就其庶幾兮東門之傳鴟夷之子

右賀監祠

虬髯起兮龍翔耀兵威兮入方法羽林兮嚴禁衛握鈎陳兮掃攙槍視諸將兮噲等伍洛舊臣兮忠且武聳萬目兮矩矱衛九重兮心膂維東南兮都會辱吾王兮塡撫暢威惠兮千載隤福祥兮茲土瞻袞服兮煌煌薦蕙肴兮爰觴匪震慴兮羅池亶愛思兮桐

王之遲兮流後裔，更累葉兮奮忠義。孰旌表兮陪庿祀，顯一門兮厲斯世。王之四世孫堅見忠義傳

右城隍龍王

悄叢祠兮江之湄，懔予心兮肅祇表。車行兮尚之祀，垂妙辭兮淳之碑。嗟窈窕兮踐天性，一念烈兮萬古鏡。山[illegible]兮蒼蒼，江練兮茫茫。江之水兮可竭，娥之靈兮不可歇。

右曹娥

會稽續志卷第六

會稽續志卷第七

雜紀

前志有雜紀一卷蓋嘗萃諸書之言越事者然遺逸尚多輙採摭傳記以補其未備攷越為山陰實自始
皇前代地里書曾不畧及黄公之賢列于四皓在秦漢時乃里人也後世亦罕知之非越絶書及會稽典録則泯然無傳矣故特表於卷首又于景嘗有雜説一編其間一二條偶記越中事今删取而附之卷末云

山陰得名於秦

秦始皇三十七年東遊會稽徙大越民置餘杭伊攻故鄣因徙天下有罪適吏民置南海故大越處以備東海外越乃更名大越曰山陰 越絕書

秦刻岑石

秦始皇帝東遊到大越留舍都亭取錢塘浙江岑石石長丈四尺南北面廣六尺西面廣尺六寸刻文六於越東山上其道九曲去越二十一里 同前

黃公嚴遵

會稽太守王景興問士於虞翻翻對曰鄞大里黃公潔己暴秦之世高祖即祚不能一致惠帝恭讓出則

濟難徵士餘姚嚴遵王莽數聘抗節不行光武中興
然後俯就矯首不拜志凌雲日皆著於傳籍較然彰
明會稽典録

梅梁

大梅山在鄞縣東七十里蓋漢梅子真舊隱也山頂
有大梅木其上則伐爲會稽禹祠之梁其下則爲它
山堰之梁禹祠之梁張僧繇圖龍於其上夜或風雨
飛入鏡湖與龍鬬後人見梁上水淋漓而萍藻滿焉
始駭異之乃以鐵索鎖于柱四明圖經　按前志餘
姚梅澳湖在縣東北十八里舊經云昔有梅樹其時

採為姑蘇臺梁湖側猶多梅木俗傳水底梅梁根也有巨木湛卧湖心雖旱不涸不露十道志又云吳起建鄴宫使匠人伐材至明塘谿口梅下俄見樹長堪為梁伐材還都梁已足無用而此木一夜飛還土人異之號曰梅君今在溪中水旱則自浮沉一云用為禹廟梁是也舊經又云梁時修廟惟欠一梁忽風雨漂一木至乃梅梁也今以二鐵絙繫楹間又傳夜或大雷雨梁輒失去比復歸水草被其上人以為神縻以鐵繩然猶時一失之據此則又非因僧繇所畫異也今梁在禹殿側長不能尋丈乃他木爾猶

鉄哉謂梅梁久已神化故非其甚旨抑詩人好奇多見題詠當有卓然不惑者能究其實故備述之以覽同異

禹廟元圭

越州禹廟有元圭匱藏之色黑如鷖徑五寸厚寸餘肉好相倍上下有邸州將常封鑰泊宅編或謂元圭得於太原藏於御府今廟中所存未必真也

蘭亭水黑

山陰蘭亭有逸少硯池寺曰天章以藏　真宗皇帝御書故也當朝廷每有頒降詔札則池水盡黑可以

洙緇太常少卿沈紳嘗記其事同前今亦不然

玉帝賜黃汝楫五子登科

越人黃汝楫家頗富饒宣和中方臘犯境以素積金錢緡錢瘞于居室避地山間忽賊黨執白旗來揖且拜黃驚懼答拜認其人蓋舊僕也云吾主將拘掠士女閉之空室持金帛贖則釋之否則殺黃惻然問所因幾何人曰無慮千數曰我藏物可直二萬緡欲舉以獻而贖其命可乎歸報如其請乃悉發所瘞輦輸其營千人皆得歸詣黃謝為之誦佛祈福歡聲如雷亂定夢金甲神從天而下呼謂之曰 玉帝有勑以

汝活人甚多賜五子科第至紹興中黄爲浦江令其子開閎閌同登乙科後二子闢闓繼之如神所告

唐少卿宅

會稽唐氏居新河坊蓋宣和中鴻臚少卿翊所營也會連守楚泗台三州未嘗家食前後門雖具皆未開守舍者但自側户出入少卿長子閎由鄭州通判代還一術士善相宅至唐氏新居夜登屋卧視云此宅前門開則出兩府後門開則出臺諫而所應者非本宗其後建炎四年
高宗駐蹕於越凡空第皆給百官寓止謝任伯爲禮

部尚書居此宅拜參知政事中使宣召開門赴都堂
治事上虞丞婁寅亮與唐爲姻家暫假館投檢奏封
章乞立繼嗣　中旨除監察御史開後門詣臺供職
言果驗云

養素先生

明州定海縣補陀洛迦山蓋觀音大士示現處遠近
致禱或見善財童子金剛神達磨等相紹興十八年
三月史越王以餘姚尉攝昌國鹽監皆鄱陽程休甫
泛海詣山扣寶洞禮謁無所覩但感淪茗浮花
殊不慊晡時再往一僧指巖頂有竇可以下

[illegible][illegible]紅而上忽見現[illegible]色身照耀洞府[illegible]瞭然程所
教[illegible]然惟公更見雙齒如玉雪天將暮有一長僧來
訪云將自其宮歷清要至為太師又云公是一好結
果底文潞公它時作宰相官家要用兵切須力諫後
二十年當與公相會於越遂告去送之出門俄不知
所在乾道戊子公以故相鎮越一夕典客報有道人
稱養素先生言嘗與丞相接熟不肯通刺字疾呼欲
入謁亟命延之貌粹神清譚論鋒起索紙數幅大書
云果頭潞相重添萬里之風光碧眼胡僧曾共一宵
之清話遽擲筆不揖而行公大駭遍遣兵吏尋覓不

復見追憶補陀之故始悟長身僧及此道人皆大士見身也相距二十年淳熙己酉公正位太師自道本末云爾

石師聖天願賜錢

會稽新昌石師聖家極貧甘於枯淡未嘗以利欲為心小女求十錢買線無以與之女入房啜泣石歎曰吾家世清貧固窮躬守約致汝如此命也日且暝聞中庭索索如瑑錢聲出視之堆積砌下已及三千緡覆以青布巾石夫婦奉繼母王氏焚香拜禱曰師聖家雖拮据單亦可自給若蒙上天貺祐使母子康寧得保

常産福垂後裔五八之賜大矣非意之財誠不敢受俄覺青布漸低錢變飛上庭空如掃名又下階謝時宣和元年也明年長子嗣慶魁鄉舉遂擢第又三舉次子延慶繼之復中博學宏詞科為時名士

新昌石氏墳

新昌石氏之祖本山東人因適越挈家徙居焉時有韶國師善地理每經從石必迎佇致敬其妻嘗出拜曰夫婦皆年老欲從師求一藏骨地韶許之與往近山得一處五峯如蓮花溪流平過其下四抱環揖指示之且炮識窆穴而去翁媪葬焉後數十年孫曾登

科相仍至以百數宣和以後頓衰越五舉畧無鹵鄉
書者而里中一民家產寖豐生四子容質如玉或告
石氏是人竊以父骨埋於君祖塋之上故致此密引
石往發土得木楄藏枯骸其中棄之民家自此遂微
四子相繼夭逝先是石塋有棠梨一本每抽新枝則
族系一人必策名若改秩或一枝萎折則有當其咎
者民思報怨夜往伐其樹自是科級視昔尋弗逮云
並夷堅志

翟公巽用越事精當

公巽帥越郡人安其政追去相率挽牒借留公知

之命耶牘以來即書其上云固知京兆姑爲五日之留無使稽山復用一錢之送其用事精當如此　梁谿漫志

陳舜俞知山陰不散青苗錢自劾

熙寧三年六月降屯田員外郎知山陰縣陳舜俞監南康軍鹽酒税坐違詔旨不散常平錢物自劾也　國史

其自劾云　臣准　州牒前後録降　勑命及轉運司提舉常平廣惠倉司牒等近准　勑條將常平廣惠倉錢斛依陝西青苗錢例每於夏秋已前約逐處收成時酬價立定額支每㪷價例曉示召人情願請領隨税送納斛㪷或納時價貴願納見錢者並許從便雖

時價極貴比之元數取利不過貳分即不得障遏民户不令請須及有不願請者亦不得一例抑配者臣伏見民間出舉財物其以信好相結之人月所取息不過一分半至二分其間亦有乘人危急以邀一時之幸雖取息至重然猶不過一倍比及收斂或賫持饋餉務為歡悅詣門負載不責輸送或始約緡錢而償穀粟始約粱稻而償布縷斂者以得為幸償者不一而足至有改為後期變取庸賃下雖魚塩薪蔌耰鉏錡釜之類皆以其價取之蓋尚不務此貧疾逃亡空有質劑官不為理此天下出舉之常也今　朝廷

所置官局募民青苗貸取錢斛以為寬農振乏之
惠故所設法槩以周密出舉給納皆從民便然要之
人情以米粟出納不若用錢之簡便也今使有司必
約中熟為價貸民以錢度吾民非歲大稔米穀至賤
亦必償緡錢而出所謂二分之息耳然所謂二分之
息者今約為陸月而以算數求之在民間一倍取之
於民猶足之為補助蓋不思責辦州縣期會輸送卒無
逋負之理欲如私家雜償他物勢亦無由倉庫給納
人情乞取如影隨形雖皐陶設法而身行之亦不能
盡比之民間取與相安而無督責威刑之懼臣以謂

雖曰官所取息尚輕固已不戢民間一倍之重矣
勑意又慮州縣不能曉知新法之意而以錢斛抑配
百姓故復申飭講解著為條約然臣體問方今小民
匱乏十室八九應慕之人不召而至何可勝計為國
論者及憂抑配斯過計矣蓋辟如孺子見飴蜜必染
指爭食然父母疾止之恐其積甘足以生疾今為民
官長止其窮濫不使受貸輕費終蹈督責之困愛之
惜之不為無意昔者祖宗著令諸以財物相出舉
任從書契官不為理保全元元之意蓋深遠矣今乃
官自出舉誑為賞罰獎勸惡吏誘之以便利督之以

威刑方之舊法亦已異矣且臣 再讀 詔書以謂振
民之絕抑兼并法無出此及見有司申明科條又使
十户爲甲甲中須有上三等一人充保浮浪無抵當
之人不得一例俵散夫謂之浮浪鄉人之所不保止
是乏絕至甚瀕於轉徙溝壑之人今固不蒙其惠矣
復欲藉此以抑兼并臣恐法終行特爲天下兼并之
地耳何以言之天下之有常平倉非能人人計口而
受餉也蓋市井田里常有穀價踴貴之時官以常平
之粟減價賤糶則積穀者自然不得復珍市深藏以
邀貴價於是生民陰受其賜矣 今朝廷以新法散常

平爲青苗唯恐不盡使倉庫既空饑饉荐至則兼并之民必乘此時有閉糴而貴糶者未知州縣將何法以制之斗粟萬錢未可知也此豈不爲兼并之利哉臣又竊爲兼并者之計今官既放無庸爭利但可藏鏹坐待鄰里之人逋負青苗惡吏嚴督之時賤買人之田宅和質人之妻孥而已此臣故曰特爲兼并之利也詔意又恐州縣避事不務推行新法抑遏人户不肯俵散是尤不然臣嘗私爲州縣主者之計令必使奉行新法姑縱之貸亦不患歛之之難也蓋朝廷設法已分爲夏秋二料五月放秋料正月放夏料

所斂秋料正在正月間所斂夏料一在五月間所不過給秋料使以納正月所舉者給夏料使以納五月所舉者則其出民力者但計所當息錢益所給為所納耳若然則是使吾民一取青苗錢終身以及世世一歲常兩輸息錢無有窮已萬一如此則是別為一賦以斂生民非 朝廷王道之舉也臣雖愚暗嘗深世務官於縣道職在愛民今不敢苟免按問雷同官吏誘陷小民日入困斂在犬馬之心亦深惜輕誤聖朝別生此賦所有青苗新法雖不以奉行謹具狀自劾以聞（舜俞文集）舜俞以嘉祐四年制科第一人至是法

當召試因此遂繳納召試劄子其奏有云臣官於縣道世謂畏途行身至危臨事無術簡書正密表必保全日月尚賒恐頓追奪其中書劄子一道不敢祗受謹奉表辭避繳納以聞文集史謂舜俞尋上書稱青苗法實便初迷不知爾參知政事馮京欲緣此復用之宰相王安石曰為人反覆如此豈可用也故京師有陳舜俞曰悔青苗之語聞者以為笑此語恐傳者之過何以言之按舜俞有南康軍到任謝表其間有云伏自陛下大明繼照百度惟新臣忝預搢紳粗知鼓舞逮奉青苗之法曰為大政之先衆人以謀始之難駭其近利愚者雖成事而閭尚欲有言若乃懷異議而奉行張空文而布告諷止民吏欺罔朝廷人或有然臣則不敢使舜俞果上書再稱青苗實利則表中豈復敢為此言接錀題舜俞集後云王文公得君用事決變更新諸若大臣爭不能得祇職取爵位之人不可勝數風俗為之大變至有遠在蜀萬里外官為偹州騰奏于朝盛稱青苗

新法之美而捷取膴仕者公方宰山陰旣嘗中大科例以秩滿登館閣小忍不言豈不足以平進而抗章力辯繳納召試堂劄自取竄責而不悔哉讀此則前事之誣可以無辯矣

記李莊簡公語

李參政罷政歸鄉里時時來訪先君劇談終日每言秦氏必目感陽憤切慨慷形於色辭一日平旦來共飯謂先君一聞趙相過嶺悲憂出涕僕不然謫命下青鞵布襪行矣豈能作兒女態耶方言此時目如炬聲如鐘其英偉剛毅之氣使人興起後四十一年偶讀公家書雖徙海表氣不少衰丁寧訓戒之語皆足垂範百世猶想見其道青鞵布襪時也陸放翁渭南集跋李莊簡公家

石昉墓柘木

石氏宗譜新昌石昉墓前有柘木生而内向覆墳如蓋然守墳者言每有登科者則柘有枝特生二一枝一人或二三枝則二三人云王十朋會稽風俗賦注

眞宗旌表裘氏門閭

眞宗皇帝嗣位之十四載十一月詔下會稽旌表裘氏門閭從守臣之請褒孝義勵風俗也昔裘牧爲大夫世居中國至十七代孫睿仕西晉值永嘉之亂乃隨元帝渡江避地婺女遂隱而不仕其子尚書熙也

徙居會稽縣南三十里世勤耕桑家積仁義越五代
當　聖宋乾德年踰六百載人無別居內不異爨大
中祥符四年郡邑始能知裘氏尚至可暄已十九世
矣暄孫治始從學有文行稱於族中為鄉里推重曰
薦于縣縣薦于郡郡奏于　朝廷勑下旌表門閭蠲
復徭役治生子四人曰仲容仲華仲舒仲莊仲容事
母尤謹慶曆中母病亟仲容兄弟倉皇侍疾醫治無
驗歎曰嘗聞古人有割肉可以愈親疾者乃割股飼
母弟仲莊亦將割之聞兄已進乃止母食之果差是
時雲霧蔽覆其家里人駭觀精誠之感也　過昺裘氏義門記

神宗旌表劉氏門閭

熙寧十年余爲越州聞上虞縣娥眉鄉劉承詔家同居四百餘人同籍者十世具以上聞乞不以常制之限旌表門閭廣厚風俗既而特賜可奏有司於是即其居之前建所謂綽楔門門外左右以土築臺高下廣狹至於赤白之飾既皆如勑之格而常賦之外悉免徭役與仕者等皆如律之文趙抃劉氏義門記

朱娥

朱娥越州上虞縣朱回女也幼失所恃鞠于祖母一[illegible]鄰人朱顏[illegible]莫不潰散娥方年十

歲奮躍號呼冒前抵額顔力屈勢蹙祖母雖中傷賴以脱去娥懼追及挽裾不釋顔不勝其忿手刃娥數十卒斷其吭氣垂絶假息猶恐及其親也獄具祖母猶坐詬詈郡從事盧公太寧進議曰論法誠宜顧無以慰没者之志太守　張侯從而釋之仍以其事聞上後三月有語安論其家賜帛六束米三斛鄉人壯而義之爲設祠位春秋祭焉從事虞公適當其時乃疏其本末著之石刻故僕得以考其詳而知歲月之攸始實治平三年二月甲午距今四十有九年矣云尓政和四年八月記江公亮朱小娥新祠記立祠與曹娥夾江相

望墓在上虞縣西一十二里華鎮覽古集

姚令聲

姚宏字令聲，越人也。父舜明，廷暉，嘗任戶部侍郎。令聲少有才名，呂元直為相，薦為刪定官，以憂去。秦會之當國，要求官不報。張如瑩澄與令聲為中表，令聲托為扣之。秦云：廷暉與其靖康末俱位柏臺，上書粘罕乞存趙氏，拉其連銜，持牘云經久復見歸，竟不僉名，此老純直，非狡獪者，有聞皆宏之謀也。繇是薄其為人。如瑩以告令聲，令聲曰：不然，先人當日固書名矣。今世所傳秦所上書，皆當來者大不同，更易其語以掠美名用此誑人以僕嘗覓之所以見忌已而言達于秦秦大怒思有以害之會令㪨更秩調衢州江山縣適當亢旱有巡檢者自言能以法致雷雨試之果然而邑民訟其以妖術惑衆追赴大理竟死獄中㪨

令㪨宣和中在上庠有僧妙應者能知人休咎語令㪨云君不得以令終候端午日伍子胥廟中見石榴花開則奇禍至矣令㪨初任監杭州稅三載足跡不敢登吴山將赴江山自其諸暨所居趍越來訪帥憲既歸出城數里值大風雨亟憩路傍小廟中見庭下榴花盛開妍甚可愛詢祝史云此伍子胥廟其日乃

五月五日令嚴慘然登車未幾遂罹其禍弟寬字令威問學詳博注史記行於世三乘九流無所不通紹興辛巳歲元顔亮寇淮江浙震恐令威云木德所照當必無他故詔書云歲星臨於吴分是也高宗幸金陵以其言驗令除郎召對奏事之際得疾仆於榻前　上念之亟用其弟憲于朝憲後登政府

王明清揮塵後録

李莊簡公詩

李莊簡公光作詩極清縮可愛予嘗見其越州雙鴈道中一絶云晚潮落盡水涓涓柳老秧齊過禁煙十

里人家雞犬靜竹扉斜掩護蟄眠後在政府與秦檜議不合為中司所擊命下送藤州安置若密院使臣伴送公戲贈之云日日孤村對落暉瘴煙深處忍分離追攀重見蔡明遠贖罪難逢郭子儀南渡每憂鳶共墮北轅應許鴈相隨馬蹄慣踏關山路他日重來又送誰亦婉而有深意雲溪雜紀

李孟博

李孟博莊簡公之子也苦學有文紹興五年進士第三人及第莊簡南遷隨侍至貶所遂卒於瓊州未一年數月前忽夢至一處海山空闊樓觀特起雲霄間有

軒牓曰空明先世諸父皆環水上其間顧指其一曰留以待汝既寤知其非祥也未幾遂屬疾臨終有雲氣起于寢冠服宛然自雲中冉冉升舉瓊人悉見之莊簡有詩悼之云脫屣塵寰委蛻蟬真形渺渺駕非煙丹臺路杳無歸日白玉樓成不待年宴坐我方依古佛空行汝去作飛仙恩深父子情難割淚滴千行到九泉

王佐以第二人升大魁吳子純以大魁作第二

紹興五年廷試唱名有官人黄中第一　高宗曰故事如何沈與求曰皇祐初有官人沈文通第一

徽宗曰朕不欲以貴胄先天下寒畯遂以馮京爲第一文通第二 上曰此故事也乃擢次名汪應辰爲第一人自後秦熺董德元許克昌趙汝愚莫子純許奕皆有官爲第二而陳誠之王佐梁克家蕭國梁鄒應龍曾從龍俱以第二人升 惟政和八年嘉王楷第一登仕郎王昂第二 徽宗宣諭嘉王云有司考在第一不欲以魁天下以第二人爲牓首昂遂以有官人爲第一子家有是年登第人告云敕頭王昂是擢昂爲魁甚明今登科記尚以嘉王爲第一人非也 按是年王月九日有 旨同年小錄止用第一人嘉王楷字德遠登科記只據小録而不曾見登第人告及不

曾考圖文

五大夫非秦封松處

秦始皇下泰山風雨暴至休於樹下因封其樹為五大夫初不言其為何樹也後漢應劭作漢官儀始言為松蓋樹在泰山之小天門至劭時猶存故知其為松也五大夫蓋秦爵之第九級如曹參賜爵七大夫遷為五大夫是也後人不鮮遂謂松之封大夫者五故唐人松詩有不羨五株封之句皆循襲不考之過也紹興府上虞縣有村市曰五夫故老云有焦氏墓人此後五子皆位至大夫因而得名近世好事者或

異其說曰此秦對松爲五大夫之地也紹興閒王十朋爲郡幕官搜訪所聞作會稽風俗賦得此遂以爲然故賦有楓挺千丈松封五夫之句疏於下云上虞有地名五夫始皇封松爲五大夫之處蓋越人但知始皇嘗上會稽刻石頌德不知封松迺在泰山時非在會稽時也而十朋復失於致審遂以爲實予嘗過其處見道傍有古石塔有刻字尚可讀迺會昌三年余球所記云草市曰五夫因焦氏立塋於此孝感上聖而爲名焉乃知五夫之名實由焦氏惜乎十朋之不見也並雲雜記

拾遺

會稽山爲東南之鎮隋開皇間詔就山立祠天寶中封神爲永興公後加永濟王今廟在鎮塢著于祀典廊廡之間像設已不經而禹廟又有稽山神祠不知何時俗工於神像之下塑一白雞蓋訛會稽之稽爲雞犬之雞疑以傳疑謂蟲雞所食也於是相傳神能司百蟲凡神前土偶異狀有手持蜈蚣虵虺者緑衣百蟲司判官凡農圃庫店有螟螣鼠蛀之祈賽以所塑者亦幘而白羽故所殺必以知幾千百雞也往歲東萊呂延年爲郡幕

經此祠遊觀命屏去雞蟲然愚俗相承割雞如故猶以孤山為大小姑子胥為多髯非有識者殆不可告語也又禹祠勾踐之旁復塑二婦人像云西施也尤不經之甚他日必有能是正之者因併記以竢

苦竹城在山陰縣常喜門外西南二十九里越絕書苦竹城者勾踐伐吳還封范蠡子也華鎮詩云一葉扁舟激浪花當時兒女永驚嗟歸來苦竹城池就始覺忘家是保家

八仙家在會稽縣五雲門外東四十五里地名白塔稽叔夜過越宿傳舍遇古伶官之魄而得廣陵散其

聲商絲緩似宮臣偪君晉謀魏之象也其名廣陵散
離散播越永嘉南遷之兆也曲終指其葬處至今窟
穴猶在

石門在嵊縣五十餘里謝靈運隱居之所也靈運詩
云躋險築幽居披雲臥石門即此地也

華鎮會稽覽古集餘姚縣四明山廣利侯祠前有雙
石如筍挺然數尺野花叢生其頂杜鵑鳴時爛若霞
錦　國朝　祖宗遏密皆三年不禁職方齋唐嘗為
之贊鎮詩云千尺相高卓犖岷雨餘雲外露嶙皴鼎
湖龍去蒼髯斷三載叢花不記春予按廣利侯廟實

在上虞縣西南五十里非餘姚也不知鎮何據而云四明山出也鎮云齊唐嘗為之贊今唐贊云越州上虞縣雙筍石也云云此固明言為上虞矣豈鎮得於傳聞未嘗見此贊耶唐集又有上虞縣重修廟記言之尤詳記云廟中筍石雙峙峭若桓表有芳樹二特生其端春物向榮鮮蔭如繢屬　太宗　眞宗遏密之際瘣疾者二一載慶蹈之旦韓薨依然讀此則鎮誤無可疑者

潮賾

六合之外聖人存而不論六合之内聖人

論而不議潮六合内物也愚生長海濱往來錢塘五十年矣幼讀文粹得唐盧肇所賦已知其踈貧不能盡見天下書獨以意推測攷之靈素之經驗之氣血之運稽之陰陽揆之物理舟師蜑户旁究曲詢盡潮之情極潮之變欲論其所以然之狀未敢也晚閱高氏會稽志所載抱朴子吴地志丘光庭鄭遂燕龍圖諸家之說自遂而上荒忽誕謾不足論獨錢塘之潮天下偉觀燕公所謂沙渾徒旦切已盡其理諸家言錢

塘者盡廢愚之説念不可以不槩見則沿
為問荅凡十七條輯而賦之名之潮賾顧
豈敢自以為是哉後世有揚子雲猶庶幾
其不廢云耳嘉定甲申仲春朔日同安朱
中有書

或問盧肇云潮及晦乃絶過朔乃與月弦乃小贏月
望乃大至又曰月之與潮皆隱乎晦又曰日月合朔
之際潮殆微絶是耶非乎
荅曰非也肇未嘗識潮晦前兩日潮已七八分矣
或問晦日已及十分朔日正屬大汛而云潮隱乎晦

合朔之際潮殆微絶可乎肇以月之盈虧爲潮之大小合一月兩汛之潮獨歸之望謂潮始大至不知朔與望均大至也

或問盧肇云日激水而潮生又曰潮夜大而晝稍微又曰天左旋入海而日隨之日之至也水其可以附之乎故因其灼激而退焉退於彼盈於此潮之往来不足怪是耶非乎

答曰非也日之西没東出悉有定時如肇所論日經於海水長而退西退則東長日漸向東則潮漸長日東出海則潮漸落則是一晝夜但一潮耳今

一日一夜凡兩潮隨十二時遞爲進退常差四刻正晝當午日固麗天未嘗入海潮之大至固自若也肇乃謂潮夜大而晝稍微豈其然乎肇之不識潮審矣肇賦始舉此兩端既不識潮其餘繳繞遷就之說不辨可也

或問子言盧肇未嘗識潮所賦不必攻而自破既聞命矣敢問抱朴子所謂夏潮大冬潮小春潮漸起秋潮漸落又云天河隨天轉入地下與海水合三水相蕩天轉排之故激蕩而成潮是耶非乎

荅曰非也此與盧肇之不識潮均一律耳夏潮晝

甚小夜乃大冬潮晝稍大夜乃小春秋之中潮極大晝夜適相等所謂天河特以形似豈真有水晝夜之間天未嘗不轉苟如其說激蕩成潮則是潮晝夜不息何得一晝夜間再進再退其說疎矣

或問吳地志云潮水晝夜再來來應時刻常以月晦反望尤大至二月八月最高又云子胥種蠡之神是耶非乎

荅曰所言晝夜再來朔望尤大至二月八月最高此真識潮可以破肇與抱朴子之謬矣曰胥蠡云者非也

或問丘光庭設漁翁問錢塘之潮所以特大而激湧者是耶非乎

荅曰非也光庭謂浙之發源不過千里江水入少海水入多故潮特大此不必它求慶元定海海口至上虞堰下無三百里江水可謂入少矣而潮之入固平平也

或問鄭遂洽聞記所論是乎

荅曰非也其論乃衍抱朴子無足辨

或問燕龍圖潮論是耶非乎

荅曰序固言之錢塘潮頭沙潬所激諸家之論盡

廢今子欲詳之乎嘗試與子於一溝之內觀之引水淵溝則其水必平進於溝之半累碎石而爲齟齬從上流傾水勢必經齟齬而斗寫於下水之激湧無怪也燕公所謂潬者水中沙也錢塘海門之潬亘二百里夫水盈科而後進潮長未及潬則錢塘之江尚空空也及既長而冒之自潬斗寫入江又江沙之漲或東或西無常地潮爲沙岸所排助其激湧震天動地峩峩而來水之理也曷足怪乎愚所謂齟齬者猶之潬耳 故錢塘潮候率遲於定海者定海平進而錢塘必俟登潬而後至於江其

初來也從浙江亭望之僅若一線非潮小也[illegible]
遠所見微耳漸近則漸大非潮大也所見漸近則
漸大固宜及夫潮退則或由潬中低處或從潬兩
尾滔滔以至於海蓋潬中高而兩頭漸低高處適
當錢塘之衝其東稍低處乃當錢清曹娥二江所
入之口錢清江口潬最低潮頭甚小曹娥江口潬
稍高於錢清故潮頭差大是說也習於海道者莫
不知之予欲詳燕公之說愚不得而不詳之也
或問前人之論或是或非既聞命矣敢問子之說何
如

答曰愚不敏何足以語此物格知至粗嘗學焉欲知潮之爲物必先識天地之間有元氣有陰陽元氣猶太極也絪緼兩間希微而不可見陰與陽則生乎元氣者也本之而生亦能爲之病焉（詳答在後）何者爲病常暘常雨是也當陰陽二氣之極則元氣不能勝（詳答在後）予欲知之幸反覆其問

問者曰子所言元氣陰陽二氣與乎潮者何也

答曰夫水天地之血也元氣有升降氣之升降血亦隨之故一日之間潮汛再至一月之間爲大汛者亦再一歲之間爲大汛者二十四元氣一歲間

升降爲節氣者亦二十四潮二十四汛隨之此不易之理也

問者曰潮之隨元氣升降也子何以知之

荅曰察於吾身而知之也一身之中有元氣有陰陽元氣蓋所受以生者既生矣則血爲榮氣爲衛血爲陰氣爲陽周一身而不可見者元氣元氣之運周流乎脉絡而血乃隨之一日之潮凡再進退一身之血隨氣而進晝夜未嘗息也攷之素問用鍼之法常以日加之宿上從房至畢十四宿水下五十刻半日之度也從昴至心十四宿水下五十

刻終日之度也從房至畢爲陽從昴至心爲陰陽主晝陰主夜靈樞經曰水下一刻人氣在太陽二刻在少陽三刻在陽明四刻在陰分水下不止氣行亦爾又難經脉候人一日一夜凡一萬三千五百息脉行五十度爲一周漏水下百刻榮衛行陽二十五度行陰亦二十五度故五十度復會於太陰寸口注云人氣始自中焦注手太陰行其經絡計二十四亦復來會於太陰此是脉之大會始終各計二十五度以此推之人氣一晝夜之間行陰行陽各二十五度潮一晝夜隨元氣升降者審矣

問者曰子言一歲二十四氣潮隨之爲二十四大汛者其略是矣然朔望爲大汛之候而節氣十有五日一易散諸一月之中不專在乎朔望潮何爲而不隨之

荅曰元氣一晝夜小升降故一日之間潮凡再至一月之間大升降故十五日而易一節以律管候氣驗之管之長短不同某氣至則某管應元氣升降有小有大審矣天地之數奇而不齊者也故月有小盡大盡歲有一閏再閏潮之爲大汛也隨大小盡與閏亦未嘗差焉驗潮之大小莫若錢塘與

西興也雖以朔望為大汛之候然晦前二三日望
前一二日潮蓋有登閘者或朔日二日三日四日
不登閘至五日而始大或十五十六十七十八十
九二十不登閘至二十一而始大西興之閘稍低
於錢塘或至二十三日潮亦登此無它節氣參差
不齊則潮亦為之進退如前所云或攙前在二十
九三十及十四十五或落後在初四初五十九二
十二十一其大槩固如是也
問者曰子言二十四汛隨二十四氣詳且明矣或有
非時而潮忽大當汛而潮忽小者何也

荅曰愚嘗測之審矣非朔望正汛而大或當汛而反小盖適遇巨風風順則推之而來後浪擁前故忽大而且久不退風逆則抑之而退前浪遏後故驟小而且久不進耳癸未九月二十七八間東北大風慶元城外沿江平地潮七二尺餘河水為醎鹵所雜魚悉浮此其驗也前史所記海溢亦非由巨風盖天地之变元氣之病者是也

問者曰潮一晝夜小升降則三百六十之晝夜大小一律可也今夏之日晝潮小夜潮大冬之日晝潮大夜潮小俗所謂潮畏熱畏寒是耶非乎

荅曰潮畏熱畏寒雖出俗說實確論也愚固言之

矣陰陽生乎元氣至其極也元氣有不勝焉夏為極陽日昱乎晝陽氣特盛元氣雖升而為至陽所迫氣不得伸故潮亦不得而遂格之於物以火爨鼎水半於鼎火氣既升水從而湧此元氣升而潮進之象也於鼎之上置鉄灸床熾炭其上則湧水為火所熁而復下此潮當進而元氣為至陽所迫而不遂也冬為極陰日既西沒陰氣特盛元氣為至陰所薄而潮不遂正與夏同亦猶鼎水方湧以踈箔覆鼎置巨冰其上冰氣嚴沍湧水復下均一理耳畏熱畏寒俗說是矣特不能推其理耳

問者曰子言夏晝冬夜元氣爲至陽極陰所勝潮不得遂者是矣敢問夏夜冬晝潮能大者何也

荅曰夏晝陽極元氣爲陽所勝冬夜陰極元氣爲陰所勝故潮小夏夜日既没陽氣少衰冬晝日既出陰氣稍斂元氣得伸故潮得遂而稍大此甚易見驗之於身夏之日陽特盛榮血得行素問謂血淖液是也故面與身多紅而澤氣則喘促咽塞一呵之而無所覩氣陽也爲至陽所勝故不能自伸從俗潮之長熱而小也日既入陽漸殺去人氣少舒從俗潮至夏夜而能大也冬之夜陰特盛榮血消縮素問謂血凝泣如水中

居雪故指面皺而肌革燥人呵氣則油然而出皆可以見血陰也爲至陰所勝其不能伸然猶潮之畏寒而小也日既出人血少舒猶潮之至冬於晝而能大者皆一理耳

問者曰夏晝潮當小而能稍大夜當大而反小冬晝潮當大而反小夜當小而反大何也

荅曰此乃陰陽之氣錯繆顛倒夏晝當南風以陽方助至陽故元氣爲至陽所迫而潮小或有者比風起以陰方氣從所勝而來陽爲之辟易於是潮遂能稍大夏夜潮宜大也乃與晝日同其微者有三伏中或

陽氣酷烈融而不收陰不足以禦之故潮亦從而小冬或冰雪不解固陰沍寒故晝日宜大而反小冬夜宜小而反大者冬當北風以陰方至助至陰元氣爲至陰所薄而潮小或者風從南至以陽方氣從所勝而來陰爲之辟易故潮亦能稍大此乃陰易之變元氣之病耳

問者曰元氣升降四時則均何獨八月之潮特大詠歌游覧特盛此時何也

荅曰何獨八月二月之潮亦甚大也何者極陰極陽故冬夏之潮有小有大二月八月日月望前後陰

陽之氣適中元氣得伸潮得遂其大也固宜錢塘風俗喜游二月花時競集湖山間非獨不暇觀潮而天色尚寒弄潮兒難以久狎於水故是月之潮無所稱道八月乍涼而天色猶熱弄潮兒得盡其技人情久厭城居鼓空巷出觀以此獨稱八月潮大耳吴地志亦載二月八月潮特大其說極是

問者曰潮之爲義旣聞其詳請賦其略何如

答曰唯唯

吾聞三才之道相與並立未有天地是謂太極太極之分爲陰爲陽離一而三極固自如所謂元氣猶太

極之一也人之生也禀乎血爲陰而氣爲陽元氣無形而非出入之息也天地雖大具於吾身氣之所至血亦隨之水者天地之血海爲水之所歸元氣升降而水有進退故潮者元氣之升而血之溢也人之血氣分晝夜而行陰陽潮亦晝夜再至信斯理之必也元氣有大升降一歲之終爲節候者二十四潮之汛亦二十四此灼然之明驗而非出於臆也人之血冬爲極寒所薄故指皺而皮毛枯人之氣夏爲至陽所鑠故呵之而無所覩猶夫夏潮小於晝冬潮小於夜元氣爲陰陽所勝則不得伸而潮亦莫能遂其餘

也今夫爨鼎而湯湧爨火者元氣而湧者潮熾火負水
於鼎之上則湧者復下潮之畏熱畏寒夫又何足怪
也凡百川之接於海潮之進也皆緩獨錢塘之為江
勢洶湧而湍悍江之接於海也既廣外復隔於沙潬
徒旦切潮冒潬而斗寫為天下之偉觀觀夫潮之將來
先去以濤清風渺一線於天末旋隱隱而隆隆忽至城
之嵯峨浮貝闕而珠宮尔若鵬徙又類鼇抃蕩潏衝
突倏忽千變震萬鼓而霆碎擁犀象於一戰既勝襲
而心折亦神悽而目眩已而潮平迤邐東去探造化
之默識致物理而頓悟寧曰怪神豈藉人力皆一氣

之自然紛衆論之碎易矣祖龍之西渡凜氣讋而怵惕悵吳兒之浮誕謂強弩之可射綦秦東游欲厭王氣武穆捍堤萬世之利迺今日之駐蹕發天地之奇祕朝見曰朝暮見曰夕表臣子之至敬實取象於潮汐（俗呼汐曰澤）儼皇居之壯麗來玉帛於萬國鬱葱葱而佳哉綿宗社而千億謂余不信請觀於潮亦足以知中興之可冀而識天地之闔闢也

潮牘既出親舊書來問閏年多雨汛與節氣二十四不相應愚答之曰前問答中謂天地之數奇而不齊月有大小盡歲有一冊閏潮之爲大汛隨大

小盡與閏亦未嘗差節候參差不齊故潮汛亦有
攙先落後之異此數句特舉其略不曾細細條析
故未免致疑耳今以壬午癸未甲申三年一閏考
之壬午正月一日雨水次癸未次甲申置閏在甲
申八月是年十二月十九却是乙酉正月立春節
壬午少了一箇節氣甲申年尾却多了次年節氣
十二日三年雖是多一箇閏而節氣只是七十二
箇遞相乘除均攤其間蓋節氣自合均在三百六
十六日内雖大略十五日一易然壬午年五箇節
氣十六日一易一箇節氣十四日一易癸未年五

箇節氣十六日一易甲申年六箇節氣十六日一易三年中展了十六日縮了一日若不展填不得本身所餘六日更增十八箇小盡添得一箇閏月折除外只多兩日今以甲申本年論之雖是十三箇月有二十六汛前八月二十九秋分閏月十五寒露九月一日霜降節氣只是十五日潮未嘗不同之蓋天地之數不齊節氣贏縮全在巧曆運用若謂閏月多兩汛則甲申年頭占癸未大寒八日年尾占乙酉立春十二日謂之閏年多兩節氣可乎況年有閏潮亦有閏何以言之一日兩潮一月六十潮人知其

如是而已一潮遞差四刻俗謂一潮蹉五里兩潮占十二時八刻以一月十五日一汎坼以錢塘餘姚潮候初一午時日潮數至十五日子時[illegible]夜潮只有二十九潮蓋初六日日潮申末夜潮五更後初七日日潮寅時晚潮酉時所謂日潮寅時即是初六夜五更之潮在此處遞互趲欠一潮以一月計之欠兩潮一年欠二十四潮五年欠百二十潮正當再閏兩箇月折得恰好以此益知潮與節候未嘗有纖毫差但今人曉曆法者少愚亦只能言其大槩耳今當於賦中非出於臆也之下增八年之有閏潮亦

有之計一月不盡之潮積於五歲之再閏考節氣之羸縮蓋未嘗不相入也然後潮之情變無餘蘊矣

會稽續志卷第七

會稽續志卷七　二十二

會稽續志卷第八

越問

越民孫因撰

越問序

莊舃越人也仕楚而爲越吟夏統越士也入洛而爲越唱越俗之好吟詠其來尚矣亦聞有大述作者乎蘭亭有序修禊事也金庭刻銘羨輕舉也康樂山居之賦陶性情也徽之州宅之詩寫物景也若是者謂之大述作可乎曰未也若昔河東柳先生會粹三河之遺事網羅千古之異聞作爲晉問以昭來世斯文

也可謂大述作矣先生晉人也居晉土習晉事爲晉
問耻也晉有堯之遺風不可以有所加矣居乎越者亦
知越之事可與晉方駕乎晉堯都也越舜禹之邦也
古有三聖人越兼其二焉加以種蠡之所經營王謝
之所栖隱司馬遷李太白杜少陵之所游覽以至
國朝諸名賢之所流詠班班可攷而大述作未聞也
惟紹興間狀元王公以幕府元僚援筆作賦搜奇抉
異雄麗卓偉雜用二京三都晉問体盖自有會稽以
來之大述作也然嘗熟複詳繹其間猶未能無遺恨
焉何者越之四封最爲廣袤南踰句無北眄禦兒東

至于鄞西盡姑蔑至後漢時提封尚數千里今之越雖非昔之越然都督一道封疆猶不爲狹而斯賦所録止及境内之山川此其遺恨一也會稽土地所宜以金錫竹箭爲稱首職方氏九牧之貢莫先焉蓋金錫竹箭戎備所資非其他一草一木比正當表而出之而是賦所述乃雜舉夫秔秫[illegible]栗蠶楓松桐梓雞頭鴨脚馬乳梟芡木蘭海榴園蔬[illegible]木菌之屬他郡獨無之乎此其遺恨二也並海魚鹽之饒東南大計仰焉梛河東晉問於魚鹽一物各爲專條以侈其富饒鋪張揚厲無慮數百字彼三河所出尚未敵海藏之什

一也茲賦纔一語及之往往纖悉於赤鱔黃賴之族而闕略於縱壑之巨鱗搜羅乎碌粮石英之品而簡弃夫積雪之寶盖此其遺恨三也紹興之初翠華巡幸駐蹕者彌年實獲舜禹之故迹陞州爲府冠以紀元且嘗就行殿舉大享禮中興之業於此乎濟可謂是邦曠絶之盛典而茲賦但不之及此其遺恨四也然自有越以來所謂大述作者獨此一賦而已王公作賦後五十七年有書生孫因自句章徙餘姚逍遥鹿亭樊榭間處越土爲越民飽越飯酌越水每欲補越絶之所未載廣越賦之所未備而未能也又九

年　帥憲新安汪公衣繡衣持玉節森畫戟載朱幡臨制七郡四十二縣臺府多暇百廢具興侖奐恢閎山川改觀鯫生幸覿盛事竊謂越為大都會公有大規模以其大學問大力量寓於大建立大施設中興百年所未覩也獨無大述作可乎宗工鉅儒之記述騷人過客之題詠金石震耀黼黻周張韶鳴濩應宮唱呂和所謂述作亦一時之盛矣使張平子左太沖柳河東諸人見之將曰此大規模也談何容易他郡小小創置東華則伐石為一記濡墨為一詩足矣獨施之越則不可越舜禹之邦也牧是邦者舜禹之臣

也而可易言之乎愚不敏成越問一篇釐爲一十五章凡三千九百五十字借楚辭体而去其羌誶蹇侘之聲倣晉問意而削其詰屈聱牙之製非足以發揚會稽之盛庶幾附郡志之末云

篇引

典午氏之盛旹兮余曩祖曰子荆謀樂郊以隱居兮颺漱石之清名孫子荆少時隱居謂王齊曰嘗欲枕石漱流有聞孫曰承公兮嘗令鄞與餘姚愛會稽之山水兮爰從家于玆城孫氏本太原人至承公家于會稽性好山水求為鄞令後為餘姚令當永和之九年兮惠風暢夫春莫偕王謝之諸公兮會脩稧于蘭亭

賦臨流之五言兮寄幽尋之逸興泛迴沼倚脩竹兮松風落而泠泠會蘭亭者四十一人孫承公賦五言詩有曰迴沼激中逵踈竹間脩洞因流轉輕觴泠風飄落松維興公尤好事兮作流觴之後序助逸少之高致兮齊芳譽於難兄王逸少作蘭亭序孫興公作後序有高嶺千尋長湖萬頃籍芳草鑑清流等語興公名綽承公弟也既乃登陸而游兮歷天台與四明漱飛瀑於筆端兮遺擲地之金聲興公作天台賦云登陸則有四明天台又曰瀑布飛流以界道余自句章從姚兮倏綿歷乎十稔慨風流之浸邈兮幸猶為夫越氓挹清泉之潺湲兮友過雲之溶洩訪樊榭之杳靄兮栖石牕之瓏玲並四明山勝景属餘姚客有過余兮謂余博覽而好古世為越

人兮胡不志夫越之風土余謝不能兮傴余指而縷數前有靈符之記兮後有龜齡之賦宋會稽太守孔靈符郡人也為會稽記王公龜齡作會稽賦嗟彼皆已為陳迹兮時亦隨夫所遇儻含毫而不斷兮將羞余之鼻祖

封疆

九州皆有山鎮兮職方氏獨先會稽周礼職方氏東南曰揚州其山鎮曰會稽居九州之先射祥光于斗牛兮占星紀於天倪牽牛炳其初躔兮屆須女之七度少陽當其正位兮為萬物之潔齊保章氏九州分星注星紀吳越也晉天文志自南斗十二度至須七度為星紀會稽入牛一度漢地理志曰粵地牽牛婺女之分埜虞翻對曰會稽上應牽牛之宿下當少陽之位易繫辭巽

東南也言萬物之絜齊也南控引乎閩粵兮北連亘乎鉅海會稽志會稽自漢順帝時所領十四縣其地南踰閩越西限浙江東北至海日出扶桒之專兮風行浙河之西詳見虞湖對八山蜿其中蟠兮羅千巖以爲郭府城内有八山顧愷之云千岩競秀万壑爭流三江匯而旁注兮渺萬壑以爲谿國語子胥曰吳之與越三江環之韋氏解吳江錢塘江浦陽江洞天峆岈以連雲兮俯九垠其如芥宛委山陽明洞天洪濤沸渭以拍天兮轟三軍之鼓鼙宅臥龍之岩嶢兮蠡城屹其環繚帶平湖之浩瀚兮雲鏡鑄而天低闢陵門而四達兮八風颯其沓至飛翼樓而舞空兮天門沈其可梯提封方數千里兮運甌吳於掌上七郡四十餘縣兮

歸中權之總提兹古今之大都會兮為九牧之冠冕
諒天地之設險兮他郡寧得而攀躋客曰偉哉山川
兮信美矣其無慊然吾聞固國兮不以山溪之險

金錫

觀地産之所宜兮惟金錫之最良貢品登于於有炏兮
暨蒼姬而加詳雖歷代之所珍兮凛英氣其猶秘甈
冶子之神奇兮爰採取而鍊淬剖赤堇而出錫兮山
色變而無雲涸若耶之銅液兮俯不見夫潜鱗鑄嶺
岌其插天兮冶井浸而寒洌前靈霳為擊橐兮後雨
師為灑塵發銅牛之藏屑兮赭林麓以炊炭弃右冶

之餘滓兮草木爲之焦爛炎煙漲乎銅孤兮寒光浮乎鍊塘越砥妥其歛鍔兮鑄浦沸其若湯合衆靈而成器兮爲寶劔凡有五曰湛盧與巨闕兮蓋珎名之最著既屬之善相之薛燭兮復謀之南林之處女水試則斷蛟螭兮陸用而剸犀虎掃攙搶使澌滅兮伏蚩尤使奔怖豈吳鈎之敢抗兮非燕函之能禦客曰偉哉利器兮誠爲越國之珍斯劔客之喜談兮非文種之願聞

竹箭

維苗山之竹箭兮立冥勁氣干乾坤寔東南之美材兮

聲價等乎瑤琨良工相夫陰陽兮加利鏃以爲矢習國人於射瀆兮震電激而星奔挾之以六千之君子兮從之以八千之子弟可以償方張之閭閻兮走善射之樓傾彼群仙之會聚兮亦以射而爲樂登石室之射堂兮射東峯而的白丁令威爲拾箭兮山上下以求索獲遺鏃于樵夫兮償以樵風之南北客曰異哉斯事兮誠振古之怪奇然越人之彎弓兮則談笑而道之

魚鹽

百川會同滄海兮洪濤不知夫津涯吐雲濤以瀾汗兮

沃日御而渺瀰藏巨靈之贔負兮見天吳之惚怳戴五山之業峩兮涵百怪之陸離巨魚出沒其中兮不知其幾千里鼓浪沫以成霧兮噓雲氣以成霓任公子之投竿而釣兮五十犗以爲餌閱朞年而得魚兮牽巨鉤而下之鬐鬛怒而刺天兮白波湧而山立膏流溢而爲淵兮顱骨積而成坻自浙水以東兮無不饜若魚之肉彼赤鱔黃頳何足數兮又况梅魚與桃鯔維天地之寶藏兮有煮海之鹺鹽曝曜靈以摝涉兮浮蓮的以試滷編篔簹以爲槃兮處烈焰而不灼霜鋊倏其凝沍兮雪花颺其的皪兹海若之不愛寶

兮豐功被乎天下抑造化之自然兮詎人爲之力假
客曰富哉魚鹽兮此越國之寶也是特以利言兮吾
願聞其上者

舟楫

越人生長澤國兮其操舟也若神有習流之二千兮
以沼吳而策勳尋笠澤以潛涉兮北渡淮而盟會擅
航烏之長技兮水犀爲之逡巡浮海救東甌兮有握
節之嚴助治船習水戰兮榮衣錦於買臣渡浙江而
誓衆兮鄮稽之内史率水棹以拒戰兮凌江之將軍
坐大船若山兮公苗山陰之傑汎波龍衣番禺兮季高

永興之人想萬艘之並進兮紛青龍與赤雀風帆儵忽千里兮雋巨浪如飛雲今競渡其遺俗兮習便駛以捷疾觀者動心駭目兮相雜襲如魚鱗客曰盛哉舟楫兮他郡孰加於越然同濟或不同心兮請置此而新其説

越釀

揚州之種宜稻兮越土最其所宜稉種居其十六兮又稻品之最奇自海上以漂来兮伊仙公之遺育別黄秈與金釵兮紫珠貫而纍纍酒人取以為釀兮辨五齊以致用滑鏡流之香潔兮貯祕色之新瓮助知

章之高興兮眼花眩乎水底侑謝傳之雅遊兮陶丹府而哦詩集群賢以觴詠兮浮罰觥乎子敬指鳴蛙為鼓吹兮暢獨酌於稚珪斯越酒之醞藉兮非宜城中山之比矧投醪之醇德兮能使勇氣百倍於熊羆客曰旨哉越釀兮固越俗之所怡然自征榷之法行兮安得薛戎而蠲之

越茶

日鑄山之英氣兮既發越於鏌鋣地靈洩而不盡兮復薰蒸於草芽雖名出之最晚兮為江南之第一視紫筍若奴臺兮又何論乎石花維瑞龍之為品兮與

此山以相亞意山脉之貫通兮仙種同乎一家汲西巖之清泉兮松風生乎石鼎滋芳液於靈襟兮沆瀣集乎齒牙歐公録之於歸田兮蘇仙流諸佳詠伯玉註於詩版兮文正賞其甘華至鴈塔與花鳴兮固郡志之所載若餘姚之瀑布兮尤茶經之所誇嗟陸羽之不逢兮宜鑑味之絶少世方貴夫建茗兮孰有知夫越茶客曰毋非不知也兮顧茗禁之已苛亦幸其不盡知兮姑舍是而言他

越紙

竪剡藤之爲紙兮品居上者有三蓋篠簜之變化兮

非藤楮之可參在晉而名側理兮儲郡庫以九萬曰
姚黄今最顯兮蒙詩翁之賞談加越石以萬杵兮光
色透於金版近不數夫杭由兮遠孰稱夫池繭半山
愛其短樣兮東坡老夫竹展薛君封以千户兮元章
用司筆硯數其德有五兮以縝滑而為首發墨養筆
鋒兮性不蠹而耐久惜昌黎之未見兮姓先生而為
楮使元輿之及知兮又何悲剡藤之有客曰嬍哉越
紙兮有大造於斯文然丗方好帋而玉兮又烏知乎
此君

神僊

陽明太元之天兮乃群仙之所游有金堂與玉室兮挹方丈與瀛洲伯經得道泉兮乘雲氣於木杪仙公韜光丹井兮發函書於船頭騎青騾以入市兮薊子訓之賣藥切鯔魚以作鱠兮介元則之垂鈎弘景寄跡釣槎兮隱吏栖于梅市廣信駕龍白日兮羽人萃於丹丘擷芝草以爲侶兮左元放之金液湌桂屑而飲水兮范少伯之扁舟煉日精以回形兮虞翁色若嬰孺位上清而摽籍兮思元跡混俗流嚴青能服石髓兮終斷穀而輕舉伯陽煉成神丹兮雖蛻形而不留御天風而上征兮與日月以齊壽皆地勝之所招

兮舉塵寰而少仇客 曰神仙信有兮特祕怪而難求

吾聞越多隱君子兮 試詳言而旁搜

隱逸

謝隱士當少微兮精 神見乎天文嚴子陵應客星兮

光芒動夫至尊居剡 下高潔兮戴安道之父子游嵩

嶽以偕隱兮孔述睿 之弟昆郤米餉而不受兮朱百

年之夫婦愛肥遁以 就閑兮阮萬齡之祖孫閉蓬户

以觀書兮淳之棲于 窮岫輕白璧而不盼兮景齊隱

於日門和樂船而[illegible][illegible] [illegible]兮歌競傳於仲御漁鏡湖以

賦詩兮烏嶲蹄於方 [illegible]黄公[illegible][illegible][illegible]四皓[illegible]成定儲之

羽翼嵇康儕于七賢兮著養生之至言王子猷詠招隱兮愛山陰之竹種謝靈運賦山居兮采地黄與溪蓀著貂裘坐巖石兮弘之志不在鈎袘豹席與櫻橋兮志和豈羨回軒彼皆不事王侯兮以高尚而辟世亦地氣之所鍾兮多秀水與名山客曰士各有志兮斯固古之逸民夫何欲潔其身兮弗念君臣之大倫

勾踐

昔勾踐兮思報吳問國政兮伍大夫辟田野兮實倉府訪疾苦兮字幼孤抱冰兮握火置膽兮坐卧采戢兮與葛側席兮閭　左觴酒豆肉兮必均其施樂不盡

會稽續志　卷八

聲兮食不致味鷙鳥匿形兮踰一十祀昊無稻蟹兮越有地利一朝興師兮三戰得志姑蘇既墟兮橫行淮泗伯東諸侯兮賀貢畢致赫然雋功兮又何可議客曰异哉兮彼長頸而鳥喙如其可與共樂兮何鴟夷之遠避

舜禹

帝舜生於姚丘兮地近夷而居東母握登感天瑞兮漾祥光於大虹歷山其所耕稼兮陶漁皆有遺迹二女降於嬀汭兮百官備而景從大禹巡于鬴山兮會羣臣而計功執玉帛者萬國兮戮後至之防風託菲

飲以名泉兮鑿了溪而宅土發金簡於不匱兮藏祕圖於山中望邑名夫虞姚兮山靈護夫禹穴儼廟貌於千古兮遺化被於無窮繄帝王之所在兮宜風俗之近古習孝悌與勤儉兮亦好遜而上忠客曰於戲大哉兮又何可以比隆然有為者亦若是兮豈無與舜禹之事同

駐蹕

維六飛之南渡兮潢濤江以東歷後舜禹三千年兮覆舜禹之遺迹駐翠蹕以弥年兮因改元而頒詔爰陞州而為府兮冠紹興大號舉大享之上儀兮即行

闕而蕆祀視總章與重屋兮亦庶幾其遺意登堂而望稽嶺兮懷克勤之令德留建炎之御製兮彰復古之素志采上虞之囊封兮終然法乎舜禪山欝葱以蜿蜒兮鍾禹陵之佳氣御香四時来下兮道冠蓋以相望拱觚稜於雲闕兮儼威顔而天咫繫百年之父老兮及親逢乎盛事想天民之視阜兮與虞夏而同治客曰幸游舜禹之邦兮復逢舜禹之君然儻無舜禹之臣兮孰能牧舜禹之民

良牧

自大駕之西幸兮府遂為於近藩賜行殿為府治兮

暨擇牧之惟艱張毘陵首當是選兮寔股肱之舊躬仍土階之素規兮因舊宇以為安朱忠靖繼剖符兮屹具瞻於巖石趙忠簡亦相望兮凜清風而獨寒忠定王之來鎮兮當乾道之四禩捐俸以置義租兮闢宮而祠先賢諒棠陰之蔽芾兮思召伯其如愳宜大封於是邦兮良天道之好還後五十餘年兮誰儷美以增飾維我 新安公兮鶱逸駕而獨擧剖滯訟如澌流兮召雨暘如應響使百城俱按堵兮令喈海無驚瀾立吏睽於秋霜兮洽民氣於春澤出干將於寶匣兮照沆瀣於銅盤圜扉鞠為茂草兮麥歧藹其連

秀令修戸庭之内兮民樂湖山之間既修政而人悦兮文書省於幙府新百廢以具興兮聳輪奐之偉觀八邑不知有役兮一道不知有費若天造而神設兮豈民力之或煩化榛莽為宏麗兮敞隘蔽為爽塏華蠹撓而雄壘兮易朽腐而堊丹茲棟隆之規模兮特於此乎小試非成毀之相仍兮數循環而無端鎮越巋乎中踞兮脩廊翼其旁拱何獨歛夫散氣兮所以重夫中權已扁揭乎雲霄兮鈞筆粲乎星斗山靈為之呵護兮珍光赫而屬天前方臺之月華兮後蓬萊之雲氣左燕春之凝香兮右清白之寒泉繞層城以

拂雲兮開屏障於四面卧林影于雲壑兮栖山光乎
二軒吸平湖於酒杯兮浮翠峰於茗椀送歸鴻於天
外兮數飛鷗於海門動秋聲之摵摵兮泊晴嵐之藹
藹餞崦嵫之夕照兮賓暘谷之朝暾上越王之危臺
兮誦唐人之傑句鷓鴣飛而地迴兮晴烟渺而天寬
飛蓋游乎清川夜兮羃輕煙之素練棹歌發乎中沚兮
浴明月於金盆麗譙湧乎青冥兮角聲起而寥亮佳
山蔚其照眼兮洗萬里之陰雰新隄平而擬掌兮沸
行歌以載路漕渠濬而舉車兮鼓千艘而駢闐雄威
扃營壘創兮雷歡聲於貔虎泮宮修貢闈闢兮遂飛

躍於魚鳶、堂府煥而一新兮巖壑為之改觀他人視之拱手兮、公談笑而不難既游刃之有餘兮復善刀而藏用寂、然若無所營兮湛中襟而靖淵炷爐香而讀易兮悟至理於泰否託寄軒之柱刻兮等遽廬於乾坤上方、藏事明庭兮將入扈於豹尾如旋倪之借留兮紛截鐙以攀轅緊郢曲之寡和兮信蕭規之難繼民願公無遽歸兮帝謂吾今召環雖卿月之暫駐兮幸臨照夫越土恐使星之遷次兮迫泰階之魁躔推治越之道治天下兮固我公之餘事然越人愛公如慈父母兮願託歌而永傳客乃歛衽肅容兮屏氣

弗敢復言孫子於是濃墨大字兮終夫越問之篇

會稽續志卷第八

皇明正德五年　龍集庚午九月初吉重刊

會稽續志卷八

書重刊會稽志後

右會稽志宋嘉泰初元知紹興府歸安沈公作賓肇纂直華文閣致仕山陰陸公游序者二十卷及寶慶初元郡士梁國張淏續而自序者八卷歲月因循屢更翻刻我
朝百四十年來板失既久本之僅傳于時者蓋千伯之十一零落益甚成化弘治間前
郡守戴公游公亦嘗注意設局廣集儒流欲刪古就令統于一志竟未有成正德庚午夏
郡守益都石公自惟志書政事攸關慨然以爲已

任恊謀于貳守福山張公判府金陵王公節推吉水毛公乃徧訪旁求其舊志一得於馮揮使家有元至元五年八月紹興路儒學官書印記字多糢糊闕者十之三一得於監生陶秩有續志復外謬參雜一得儒士張傳世傳者頗完亦不甚同又逸其首編一得抄本於儒士羅頎舊錄于郡局者尤倍顛倒脫誤或此有而彼無或彼否而此是得失相半蓋皆非初刻原本久於沿襲而然公猥命縱集以較讎縱重公盛舉雖衰老荒頰不敢固辭遂緒闕各本正其訛補其缺而秩其次第無所以

者仍舊空之惟以儒學官書爲據游付刊手王延珊夏存誠等十有五人端相鍥梓而始于五月二十五日落成于九月十日凡一千六百工板五百一十五幅一千三十前志續志共一部該一十有二冊其傭鋟等費悉出於公俸之捐銀計一百一十兩民不知勞事咸就緒噫數百年廢墜舊典一旦遇公舉而必成之爲後來繼續之地良非偶然自宜有

當代名公鉅儒文章妙天下者爲序而表公德政風化之詳于無窮茲何容喙但志之所載文字浩繁

其金根魯魚錯認踵訛之失尤恐未能免也尚冀
觀者其正諸
是歲九月十日後學山陰王絅謹識

陳氏曰會稽志二十卷通判吳興施宿武子部
人馮景中陸子虡朱鼐王度等撰陸放翁爲之
序首稱禹會諸侯而以思陵巡守陞府配之氣
壯之雅蓋奇作也嘉泰辛酉陸年已七十七矣
未幾落致仕爲史官至八十五歲乃終其筆力
老而不衰於此序見之續志八卷梁國張淏撰
續記辛酉後事而亦補前志之遺前志無進上
題名此尤其不可遺者也
見鄱陽馬端臨貴與著文獻通考